FOREWORD

The collection of "Everything Will Be Okay" travel phrasebooks published by T&P Books is designed for people traveling abroad for tourism and business. The phrasebooks contain what matters most - the essentials for basic communication. This is an indispensable set of phrases to "survive" while abroad.

This phrasebook will help you in most cases where you need to ask something, get directions, find out how much something costs, etc. It can also resolve difficult communication situations where gestures just won't help.

This book contains a lot of phrases that have been grouped according to the most relevant topics. The edition also includes a small vocabulary that contains roughly 3,000 of the most frequently used words. Another section of the phrasebook provides a gastronomical dictionary that may help you order food at a restaurant or buy groceries at the store.

Take "Everything Will Be Okay" phrasebook with you on the road and you'll have an irreplaceable traveling companion who will help you find your way out of any situation and teach you to not fear speaking with foreigners.

TABLE OF CONTENTS

T&P Books Publishing

PRONUNCIATION

T&P phonetic alphabet	Greek example	English example
[a]	**αγαπάω** [aɣapáo]	shorter than in ask
[e]	**έπαινος** [épenos]	elm, medal
[i]	**φυσικός** [fisikós]	shorter than in feet
[o]	**οθόνη** [oθóni]	pod, John
[u]	**βουτάω** [vutáo]	book
[b]	**καμπάνα** [kabána]	baby, book
[d]	**ντετέκτιβ** [detéktiv]	day, doctor
[f]	**ράμφος** [rámfos]	face, food
[g]	**γκολφ** [golʲf]	game, gold
[ɣ]	**γραβάτα** [ɣraváta]	between [g] and [h]
[j]	**μπάιτ** [bájt]	yes, New York
[j̥]	**Αίγυπτος** [éj̥iptos]	yes, New York
[k]	**ακόντιο** [akóndio]	clock, kiss
[lʲ]	**αλάτι** [alʲáti]	daily, million
[m]	**μάγος** [máɣos]	magic, milk
[n]	**ασανσέρ** [asansér]	name, normal
[p]	**βλέπω** [vlépo]	pencil, private
[r]	**ρόμβος** [rómvos]	rice, radio
[s]	**σαλάτα** [salʲáta]	city, boss
[ð]	**πόδι** [póði]	weather, together
[θ]	**λάθος** [lʲáθos]	month, tooth
[t]	**κινητό** [kinitó]	tourist, trip
[ʧ]	**check-in** [ʧek-in]	church, French
[v]	**βραχιόλι** [vraxióli]	very, river
[x]	**νύχτα** [níxta]	as in Scots 'loch'
[w]	**ουίσκι** [wíski]	vase, winter
[z]	**κουζίνα** [kuzína]	zebra, please
[ˈ]	**έξι** [éksi]	primary stress

LIST OF ABBREVIATIONS

English abbreviations

ab.	-	about
adj	-	adjective
adv	-	adverb
anim.	-	animate
as adj	-	attributive noun used as adjective
e.g.	-	for example
etc.	-	et cetera
fam.	-	familiar
fem.	-	feminine
form.	-	formal
inanim.	-	inanimate
masc.	-	masculine
math	-	mathematics
mil.	-	military
n	-	noun
pl	-	plural
pron.	-	pronoun
sb	-	somebody
sing.	-	singular
sth	-	something
v aux	-	auxiliary verb
vi	-	intransitive verb
vi, vt	-	intransitive, transitive verb
vt	-	transitive verb

Greek abbreviations

αρ.	-	masculine noun
αρ.πλ.	-	masculine plural
αρ./θηλ.	-	masculine, feminine
θηλ.	-	feminine noun
θηλ.πλ.	-	feminine plural
ουδ.	-	neuter
ουδ.πλ.	-	neuter plural
πλ.	-	plural

T&P BOOKS

GREEK
PHRASEBOOK

This section contains
important phrases that may
come in handy in various
real-life situations.
The phrasebook will help
you ask for directions, clarify
a price, buy tickets, and
order food at a restaurant

T&P Books Publishing

PHRASEBOOK CONTENTS

T&P Books Publishing

The bare minimum

Excuse me, ...	**Συγνώμη, ...** [siɣnómi, ...]
Hello.	**Γεια σας.** [ʝa sas]
Thank you.	**Ευχαριστώ.** [efxaristó]
Good bye.	**Αντίο.** [adío]
Yes.	**Ναι.** [ne]
No.	**Όχι.** [óxi]
I don't know.	**Δεν ξέρω.** [ðen kséro]
Where? | Where to? | When?	**Πού; | Προς τα πού; | Πότε;** [pú? | pros ta pú? | póte?]

I need ...	**Χρειάζομαι ...** [xriázome ...]
I want ...	**Θέλω ...** [θél^{j}o ...]
Do you have ...?	**Έχετε ...;** [éxete ...?]
Is there a ... here?	**Μήπως υπάρχει ... εδώ;** [mípos ipárxi ... eðó?]
May I ...?	**Θα μπορούσα να ...;** [θa borúsa na ...?]
..., please (polite request)	**..., παρακαλώ** [..., parakal^{j}ó]

I'm looking for ...	**Ψάχνω για ...** [psáxno ʝa ...]
the restroom	**τουαλέτα** [tualéta]
an ATM	**ATM** [eitiém]
a pharmacy (drugstore)	**φαρμακείο** [farmakío]
a hospital	**νοσοκομείο** [nosokomío]
the police station	**αστυνομικό τμήμα** [astinomikó tmíma]
the subway	**μετρό** [metró]

a taxi	**ταξί** [taksí]
the train station	**σιδηροδρομικό σταθμό** [siðiroðromikó staθmó]

My name is ...	**Ονομάζομαι ...** [onomázome ...]
What's your name?	**Πώς ονομάζεστε;** [pós onomázeste?]
Could you please help me?	**Μπορείτε παρακαλώ να με βοηθήσετε;** [boríte parakalʲó na me voiθísete?]
I've got a problem.	**Έχω ένα πρόβλημα.** [éxo éna próvlima]
I don't feel well.	**Δεν αισθάνομαι καλά.** [ðen esθánome kalʲá]
Call an ambulance!	**Καλέστε ένα ασθενοφόρο!** [kaléste éna asθenofóro!]
May I make a call?	**Θα μπορούσα να κάνω ένα τηλέφωνο;** [θa borúsa na káno éna tiléfono?]

I'm sorry.	**Συγνώμη.** [siɣnómi]
You're welcome.	**Παρακαλώ!** [parakalʲó!]

I, me	**Εγώ, εμένα** [eɣó, eména]
you (inform.)	**εσύ** [esí]
he	**αυτός** [aftós]
she	**αυτή** [aftí]
they (masc.)	**αυτοί** [aftí]
they (fem.)	**αυτές** [aftés]
we	**εμείς** [emís]
you (pl)	**εσείς** [esís]
you (sg, form.)	**εσείς** [esís]

ENTRANCE	**ΕΙΣΟΔΟΣ** [ísoðos]
EXIT	**ΕΞΟΔΟΣ** [éksoðos]

OUT OF ORDER	**ΕΚΤΟΣ ΛΕΙΤΟΥΡΓΙΑΣ** [éktos liturjías]
CLOSED	**ΚΛΕΙΣΤΟ** [klísto]
OPEN	**ΑΝΟΙΚΤΟ** [aníkto]
FOR WOMEN	**ΓΥΝΑΙΚΩΝ** [jinekón]
FOR MEN	**ΑΝΔΡΩΝ** [ánðron]

Questions

Where?	**Πού;** [pú?]
Where to?	**Προς τα πού;** [pros ta pú?]
Where from?	**Από πού;** [apó pú?]
Why?	**Γιατί;** [ʝatí?]
For what reason?	**Για ποιο λόγο;** [ʝa pio lʲóɣo?]
When?	**Πότε;** [póte?]

How long?	**Πόσο χρόνο χρειάζεται;** [póso xróno xriázete?]
At what time?	**Τι ώρα;** [ti óra?]
How much?	**Πόσο κάνει;** [póso káni?]
Do you have ...?	**Μήπως έχετε ...;** [mípos éxete ...?]
Where is ...?	**Πού είναι ...;** [pú íne ...?]

What time is it?	**Τι ώρα είναι;** [ti óra íne?]
May I make a call?	**Θα μπορούσα να κάνω ένα τηλέφωνο;** [θa borúsa na káno éna tiléfono?]
Who's there?	**Ποιος είναι;** [pios íne?]
Can I smoke here?	**Μπορώ να καπνίσω εδώ;** [boró na kapníso eðó?]
May I ...?	**Θα μπορούσα να ...;** [θa borúsa na ...?]

Needs

I'd like ...	**Θα ήθελα ...** [θa íθelʲa ...]
I don't want ...	**Δεν θέλω ...** [ðen θélʲo ...]
I'm thirsty.	**Διψάω.** [ðipsáo]
I want to sleep.	**Θέλω να κοιμηθώ.** [θélʲo na kemiθó]

I want ...	**Θέλω ...** [θélʲo ...]
to wash up	**να πλυθώ** [na pliθó]
to brush my teeth	**να πλύνω τα δόντια μου** [na plíno ta ðóndia mu]
to rest a while	**να ξεκουραστώ λίγο** [na ksekurastó líɣo]
to change my clothes	**να αλλάξω ρούχα** [na alʲákso rúxa]

to go back to the hotel	**να επιστρέψω στο ξενοδοχείο** [na epistrépso sto ksenoðoxío]
to buy ...	**να αγοράσω ...** [na aɣoráso ...]
to go to ...	**να πάω στο ...** [na páo sto ...]
to visit ...	**να επισκεφτώ ...** [na episkeftó ...]
to meet with ...	**να συναντηθώ με ...** [na sinandiθó me ...]
to make a call	**να τηλεφωνήσω** [na tilefoníso]

I'm tired.	**Είμαι κουρασμένος /κουρασμένη/.** [íme kurazménos /kurazméni/]
We are tired.	**Είμαστε κουρασμένοι.** [ímaste kurazméni]
I'm cold.	**Κρυώνω.** [krióno]
I'm hot.	**Ζεσταίνομαι.** [zesténome]
I'm OK.	**Είμαι καλά.** [íme kalʲá]

I need to make a call. — **Πρέπει να κάνω ένα τηλέφωνο.**
[prépi na káno éna tiléfono]

I need to go to the restroom. — **Πρέπει να πάω στην τουαλέτα.**
[prépi na páo sten tualéta]

I have to go. — **Πρέπει να φύγω.**
[prépi na fíɣo]

I have to go now. — **Πρέπει να φύγω τώρα.**
[prépi na fíɣo tóra]

Asking for directions

Excuse me, ...	**Συγνώμη, ...** [siɣnómi, ...]
Where is ...?	**Πού είναι ...;** [pú íne ...?]
Which way is ...?	**Από ποιο δρόμο είναι ...;** [apó pio ðrómo íne ...?]
Could you help me, please?	**Θα μπορούσατε να με βοηθήσετε παρακαλώ;** [θa borúsate na me voiθísete parakalʲó?]
I'm looking for ...	**Ψάχνω για ...** [psáxno ja ...]
I'm looking for the exit.	**Ψάχνω για την έξοδο.** [psáxno ja tin éksoðo]
I'm going to ...	**Πηγαίνω στ ...** [pijéno st ...]
Am I going the right way to ...?	**Πηγαίνω σωστά από εδώ για ...;** [pijéno sostá apó eðó ja ...?]
Is it far?	**Είναι μακριά από εδώ;** [íne makriá apó eðó?]
Can I get there on foot?	**Μπορώ να πάω εκεί με τα πόδια;** [boró na páo ekí me ta póðia?]
Can you show me on the map?	**Μπορείτε να μου δείξετε στο χάρτη;** [boríte na mu ðíksete sto xárti?]
Show me where we are right now.	**Δείξετε μου που βρισκόμαστε αυτή τη στιγμή.** [ðíksete mu pu vriskómaste aftí ti stiɣmí]
Here	**Εδώ** [eðó]
There	**Εκεί** [ekí]
This way	**Από εδώ** [apó eðó]
Turn right.	**Στρίψτε δεξιά.** [strípste ðeksiá]
Turn left.	**Στρίψτε αριστερά.** [strípste aristerá]
first (second, third) turn	**πρώτος (δεύτερος, τρίτος) δρόμος** [prótos (ðéfteros, trítos) ðrómos]

to the right	**δεξιά** [ðeksiá]
to the left	**αριστερά** [aristerá]
Go straight ahead.	**Πηγαίνετε όλο ευθεία.** [pij̯énete ólʲo efθía]

Signs

WELCOME!	**ΚΑΛΩΣ ΗΡΘΑΤΕ!** [kalʲós írθate!]
ENTRANCE	**ΕΙΣΟΔΟΣ** [ísoðos]
EXIT	**ΕΞΟΔΟΣ** [éksoðos]

PUSH	**ΩΘΗΣΑΤΕ** [oθísate]
PULL	**ΕΛΞΑΤΕ** [élʲksate]
OPEN	**ΑΝΟΙΚΤΟ** [aníkto]
CLOSED	**ΚΛΕΙΣΤΟ** [klísto]

FOR WOMEN	**ΓΥΝΑΙΚΩΝ** [ɟinekón]
FOR MEN	**ΑΝΔΡΩΝ** [ánðron]
GENTLEMEN, GENTS	**ΚΥΡΙΟΙ** [kíri]
WOMEN	**ΚΥΡΙΕΣ** [kíries]

DISCOUNTS	**ΕΚΠΤΩΣΕΙΣ** [ekptósis]
SALE	**ΞΕΠΟΥΛΗΜΑ** [ksepúlima]
FREE	**ΔΩΡΕΑΝ** [ðoreán]
NEW!	**ΝΕΟ!** [néo!]
ATTENTION!	**ΠΡΟΣΟΧΗ!** [prosoxí!]

NO VACANCIES	**ΔΕΝ ΥΠΑΡΧΟΥΝ ΚΕΝΑ ΔΩΜΑΤΙΑ** [ðen ipárxun kená ðomátia]
RESERVED	**ΡΕΖΕΡΒΕ** [rezervé]
ADMINISTRATION	**ΔΙΕΥΘΥΝΤΗΣ** [ðiéfθindis]
STAFF ONLY	**ΜΟΝΟ ΓΙΑ ΤΟ ΠΡΟΣΩΠΙΚΟ** [móno ja to prosópiko]

BEWARE OF THE DOG!	**ΠΡΟΣΟΧΗ ΣΚΥΛΟΣ** [prosoxí skílʲos]
NO SMOKING!	**ΑΠΑΓΟΡΕΥΕΤΑΙ ΤΟ ΚΑΠΝΙΣΜΑ** [apaɣorévete to kápnizma]
DO NOT TOUCH!	**ΜΗΝ ΑΓΓΙΖΕΤΕ!** [min angízete!]
DANGEROUS	**ΕΠΙΚΙΝΔΥΝΟ** [epikínðino]
DANGER	**ΚΙΝΔΥΝΟΣ** [kínðinos]
HIGH VOLTAGE	**ΥΨΗΛΗ ΤΑΣΗ** [ípseli tási]
NO SWIMMING!	**ΑΠΑΓΟΡΕΥΕΤΑΙ ΤΟ ΚΟΛΥΜΠΙ** [apaɣorévete to kolíbi]

OUT OF ORDER	**ΕΚΤΟΣ ΛΕΙΤΟΥΡΓΙΑΣ** [éktos liturʝías]
FLAMMABLE	**ΕΥΦΛΕΚΤΟ** [éflekto]
FORBIDDEN	**ΑΠΑΓΟΡΕΥΕΤΑΙ** [apaɣorévete]
NO TRESPASSING!	**ΑΠΑΓΟΡΕΥΕΤΑΙ Η ΕΙΣΟΔΟΣ** [apaɣorévete i ísoðos]
WET PAINT	**ΦΡΕΣΚΟΒΑΜΜΕΝΟ** [frésko vaméno]

CLOSED FOR RENOVATIONS	**ΚΛΕΙΣΤΟ ΛΟΓΩ ΕΡΓΑΣΙΩΝ** [klísto lʲóɣo erɣásion]
WORKS AHEAD	**ΕΡΓΑ ΕΝ ΟΨΕΙ** [érɣa en ópsi]
DETOUR	**ΠΑΡΑΚΑΜΨΗ** [parákampsi]

Transportation. General phrases

plane	**αεροπλάνο** [aeroplʲáno]
train	**τρένο** [tréno]
bus	**λεωφορείο** [leoforío]
ferry	**φέρι μποτ** [féri bot]
taxi	**ταξί** [taksí]
car	**αυτοκίνητο** [aftokínito]

schedule	**δρομολόγιο** [ðromolʲoʝo]
Where can I see the schedule?	**Πού μπορώ να δω το δρομολόγιο;** [pú boró na ðo to ðromolʲóʝo?]
workdays (weekdays)	**εργάσιμες ημέρες** [erɣásimes iméres]
weekends	**Σαββατοκύριακα** [savatokíriaka]
holidays	**διακοπές** [ðiakopés]

DEPARTURE	**ΑΝΑΧΩΡΗΣΗ** [anaxórisi]
ARRIVAL	**ΑΦΙΞΗ** [áfiksi]
DELAYED	**ΚΑΘΥΣΤΕΡΗΣΗ** [kaθistérisi]
CANCELLED	**ΑΚΥΡΩΣΗ** [akírosi]

next (train, etc.)	**επόμενο** [epómeno]
first	**πρώτο** [próto]
last	**τελευταίο** [teleftéo]

When is the next …?	**Πότε είναι το επόμενο …;** [póte íne to epómeno …?]
When is the first …?	**Πότε είναι το πρώτο …;** [póte íne to próto …?]

When is the last ...?

Πότε είναι το τελευταίο ...;
[póte íne to teleftéo ...?]

transfer (change of trains, etc.)

ανταπόκριση
[andapókrisi]

to make a transfer

αλλάζω
[alʲázo]

Do I need to make a transfer?

χρειάζεται να αλλάζω;
[xriázete na alʲázo?]

Buying tickets

Where can I buy tickets?	**Πού μπορώ να αγοράσω εισιτήριο;** [pú boró na aɣoráso isitírio?]
ticket	**εισιτήριο** [isitírio]
to buy a ticket	**αγοράζω εισιτήριο** [aɣorázo isitírio]
ticket price	**τιμή εισιτηρίου** [timí isitiríu]

Where to?	**Για πού;** [ja pú?]
To what station?	**Σε ποια στάση;** [se pia stási?]
I need ...	**Χρειάζομαι ...** [xriázome ...]
one ticket	**ένα εισιτήριο** [éna isitírio]
two tickets	**δύο εισιτήρια** [ðío isitíria]
three tickets	**τρία εισιτήρια** [tría isitíria]

one-way	**απλή μετάβαση** [aplí metávasi]
round-trip	**μετ' επιστροφής** [met epistrofís]
first class	**πρώτη θέση** [próti θési]
second class	**δεύτερη θέση** [ðéfteri θési]

today	**σήμερα** [símera]
tomorrow	**αύριο** [ávrio]
the day after tomorrow	**μεθαύριο** [meθávrio]
in the morning	**το πρωί** [to proí]
in the afternoon	**το απόγευμα** [to apójevma]
in the evening	**το βράδυ** [to vráði]

aisle seat	**θέση δίπλα στον διάδρομο** [θési ðíplʲa ston ðiáðromo]
window seat	**θέση δίπλα στο παράθυρο** [θési ðíplʲa sto paráθiro]
How much?	**Πόσο κάνει;** [póso káni?]
Can I pay by credit card?	**Μπορώ να πληρώσω με πιστωτική κάρτα;** [boró na pliróso me pistotikí kárta?]

Bus

bus	λεωφορείο [leoforío]
intercity bus	υπεραστικό λεωφορείο [iperastikó leoforío]
bus stop	στάση λεωφορείου [stási leoforíu]
Where's the nearest bus stop?	Πού είναι η πιο κοντινή στάση λεωφορείου; [pú íne i pio kondiní stási leoforíu?]

number (bus ~, etc.)	αριθμός [ariθmós]
Which bus do I take to get to ...?	Ποιο λεωφορείο πρέπει να πάρω για να πάω ...; [pio leoforío prépi na páro ja na páo ...?]
Does this bus go to ...?	Πάει αυτό το λεωφορείο στ ...; [pái aftó to leoforío st ...?]
How frequent are the buses?	Κάθε πότε έχει λεωφορείο; [káθe póte éxi leoforío?]

every 15 minutes	κάθε 15 λεπτά [káθe ðekapénde leptá]
every half hour	κάθε μισή ώρα [káθe misí óra]
every hour	κάθε μία ώρα [káθe mía óra]
several times a day	αρκετές φορές την μέρα [arketés forés tin méra]
... times a day	... φορές την μέρα [... forés tin méra]

schedule	δρομολόγιο [ðromoljójo]
Where can I see the schedule?	Πού μπορώ να δω το δρομολόγιο; [pú boró na ðo to ðromoljójo?]
When is the next bus?	Πότε είναι το επόμενο λεωφορείο; [póte íne to epómeno leoforío?]
When is the first bus?	Πότε είναι το πρώτο λεωφορείο; [póte íne to próto leoforío?]
When is the last bus?	Πότε είναι το τελευταίο λεωφορείο; [póte íne to teleftéo leoforío?]

stop	**στάση** [stási]
next stop	**η επόμενη στάση** [i epómeni stási]
last stop (terminus)	**η τελευταία στάση** [i teleftéa stási]
Stop here, please.	**Σταματήστε εδώ, παρακαλώ.** [stamatíste eðó, parakalʲó]
Excuse me, this is my stop.	**Συγνώμη, εδώ κατεβαίνω.** [siɣnómi, eðó katevéno]

Train

train	**τρένο** [tréno]
suburban train	**ηλεκτροκίνητο τρένο** [ilektrokínito tréno]
long-distance train	**τρένο για διαδρομές μεγάλων αποστάσεων** [tréno ja ðiaðromés meɣálʲon apostáseon]
train station	**σταθμός τρένου** [staθmós trénu]
Excuse me, where is the exit to the platform?	**Συγνώμη, που είναι η έξοδος για την πλατφόρμα επιβίβασης;** [siɣnómi, pu íne i éksoðos ja tin plʲatfórma epivívasis?]
Does this train go to ...?	**Πηγαίνει αυτό το τρένο στ ...;** [pijéni aftó to tréno st ...?]
next train	**επόμενο τρένο** [epómeno tréno]
When is the next train?	**Πότε είναι το επόμενο τρένο;** [póte íne to epómeno tréno?]
Where can I see the schedule?	**Πού μπορώ να δω το δρομολόγιο;** [pú boró na ðo to ðromolʲójo?]
From which platform?	**Από ποια πλατφόρμα;** [apó pia plʲatfórma?]
When does the train arrive in ...?	**Πότε φθάνει το τραίνο στο ...;** [póte fθáni to tréno sto ...?]
Please help me.	**Παρακαλώ βοηθήστε με.** [parakalʲó voiθíste me]
I'm looking for my seat.	**Ψάχνω τη θέση μου.** [psáxno ti θési mu]
We're looking for our seats.	**Ψάχνουμε τις θέσεις μας.** [psáxnume tis θésis mas]
My seat is taken.	**Η θέση μου είναι πιασμένη.** [i θési mu íne piazméni]
Our seats are taken.	**Οι θέσεις μας είναι πιασμένες.** [i θésis mas íne piazménes]
I'm sorry but this is my seat.	**Συγνώμη αλλά αυτή είναι η θέση μου.** [siɣnómi alʲá aftí íne i θési mu]

Is this seat taken?	**Είναι αυτή η θέση πιασμένη;** [íne afté i θési piazméni?]
May I sit here?	**Θα μπορούσα να κάτσω εδώ;** [θa borúsa na kátso eðó?]

On the train. Dialogue (No ticket)

Ticket, please.	**Το εισιτήριό σας, παρακαλώ.** [to isitírió sas, parakalʲó]
I don't have a ticket.	**Δεν έχω εισιτήριο.** [ðen éxo isitírio]
I lost my ticket.	**Έχασα το εισιτήριο μου.** [éxasa to isitírio mu]
I forgot my ticket at home.	**Ξέχασα το εισιτήριό μου στο σπίτι.** [kséxasa to isitírió mu sto spíti]
You can buy a ticket from me.	**Μπορώ εγώ να σας εκδώσω εισιτήριο.** [boró eɣó na sas ekðóso isitírio]
You will also have to pay a fine.	**Πρέπει να πληρώσετε και πρόστιμο.** [prépi na plirósete ke próstimo]
Okay.	**Εντάξει.** [endáksi]
Where are you going?	**Πού πάτε;** [pú páte?]
I'm going to ...	**Πηγαίνω στ ...** [piʝéno st ...]
How much? I don't understand.	**Πόσο κάνει; Δεν καταλαβαίνω.** [póso káni? ðen katalʲavéno]
Write it down, please.	**Γράψτε το παρακαλώ.** [ɣrápste to parakalʲó]
Okay. Can I pay with a credit card?	**Εντάξει. Μπορώ να πληρώσω με πιστωτική κάρτα;** [endáksi. boró na pliróso me pistotikí kárta?]
Yes, you can.	**Ναι μπορείτε.** [ne boríte]
Here's your receipt.	**Ορίστε η απόδειξή σας.** [oríste i apóðiksí sas]
Sorry about the fine.	**Συγνώμη για το πρόστιμο.** [siɣnómi ʝa to próstimo]
That's okay. It was my fault.	**Είναι εντάξει. Ήταν δικό μου λάθος.** [íne endáksi. ítan ðikó mu lʲáθos]
Enjoy your trip.	**Καλό ταξίδι.** [kalʲó taksíði]

Taxi

taxi	**ταξί** [taksí]
taxi driver	**οδηγός ταξί** [oðiɣós taksí]
to catch a taxi	**να πάρω ένα ταξί** [na páro éna taksí]
taxi stand	**πιάτσα ταξί** [piátsa taksí]
Where can I get a taxi?	**Πού μπορώ να βρω ένα ταξί;** [pú boró na vro éna taksí?]

to call a taxi	**καλώ ένα ταξί** [kalʲó éna taksí]
I need a taxi.	**χρειάζομαι ένα ταξί.** [xriázome éna taksí]
Right now.	**Τώρα.** [tóra]
What is your address (location)?	**Ποια είναι η διεύθυνσή σας;** [pia íne i ðiéfθinsí sas?]
My address is ...	**Η διεύθυνσή μου είναι ...** [i ðiéfθinsi mu íne ...]
Your destination?	**Πού πηγαίνετε;** [pú pijénete?]
Excuse me, ...	**Συγνώμη, ...** [siɣnómi, ...]
Are you available?	**Είστε ελεύθερος;** [íste eléfθeros?]
How much is it to get to ...?	**Πόσο κοστίζει να πάω μέχρι ...;** [póso kostízi na páo méxri ...?]
Do you know where it is?	**Ξέρετε που είναι;** [ksérete pu íne?]

Airport, please.	**Στο αεροδρόμιο, παρακαλώ.** [sto aeroðrómio, parakalʲó]
Stop here, please.	**Σταματήστε εδώ, παρακαλώ.** [stamatíste eðó, parakalʲó]
It's not here.	**Δεν είναι εδώ.** [ðen íne eðó]
This is the wrong address.	**Αυτή είναι λάθος διεύθυνση.** [aftí íne lʲáθos ðiéfθinsi]
Turn left.	**Στρίψτε αριστερά.** [strípste aristerá]
Turn right.	**Στρίψτε δεξιά.** [strípste ðeksiá]

How much do I owe you?	**Τι σας οφείλω;** [ti sas ofílʲo?]
I'd like a receipt, please.	**Θα ήθελα παρακαλώ μία απόδειξη.** [θa íθelʲa parakalʲó mía apóðiksi]
Keep the change.	**Κρατήστε τα ρέστα.** [kratíste ta résta]

Would you please wait for me?	**Μπορείτε παρακαλώ να με περιμένετε;** [boríte parakalʲó na me periménete?]
five minutes	**πέντε λεπτά** [pénde leptá]
ten minutes	**δέκα λεπτά** [ðéka leptá]
fifteen minutes	**δεκαπέντε λεπτά** [ðekapénde leptá]
twenty minutes	**είκοσι λεπτά** [íkosi leptá]
half an hour	**μισή ώρα** [misí óra]

Hotel

Hello.	**Γεια σας.** [ʝa sas]
My name is ...	**Ονομάζομαι ...** [onomázome ...]
I have a reservation.	**Έχω κάνει μια κράτηση.** [éxo káni mia krátisi]

I need ...	**Χρειάζομαι ...** [xriázome ...]
a single room	**ένα μονόκλινο δωμάτιο** [éna monóklino ðomátio]
a double room	**ένα δίκλινο δωμάτιο** [éna ðíklino ðomátio]
How much is that?	**Πόσο κοστίζει;** [póso kostízi?]
That's a bit expensive.	**Είναι λίγο ακριβό.** [íne líɣo akrivó]

Do you have anything else?	**Έχετε κάτι άλλο διαθέσιμο;** [éxete káti álʲo ðiaθésimo?]
I'll take it.	**Θα το κλείσω.** [θa to klíso]
I'll pay in cash.	**Θα πληρώσω μετρητά.** [θa pliróso metritá]

I've got a problem.	**Έχω ένα πρόβλημα.** [éxo éna próvlima]
My ... is broken.	**Το ... μου είναι σπασμένο.** [to ... mu íne spazméno]
My ... is out of order.	**Το ... μου δεν λειτουργεί.** [to ... mu ðen liturʝí]
TV	**τηλεόραση** [tileórasi]
air conditioner	**κλιματισμός** [klimatizmós]
tap	**βρύση** [vrísi]

shower	**ντους** [dus]
sink	**νιπτήρας** [niptíras]
safe	**χρηματοκιβώτιο** [xrimatokivótio]

door lock	**κλειδαριά** [kliðariá]
electrical outlet	**πρίζα** [príza]
hairdryer	**σεσουάρ μαλλιών** [sesuár malión]

I don't have ...	**Δεν έχω καθόλου ...** [ðen éxo kaθólʲu ...]
water	**νερό** [neró]
light	**φως** [fos]
electricity	**ηλεκτρικό ρεύμα** [ilektrikó révma]

Can you give me ...?	**Μπορείτε να μου δώσετε ...;** [boríte na mu ðósete ...?]
a towel	**μια πετσέτα** [mia petséta]
a blanket	**μια κουβέρτα** [mia kuvérta]
slippers	**παντόφλες** [pandófles]
a robe	**μία ρόμπα** [mía róba]
shampoo	**σαμπουάν** [sambuán]
soap	**σαπούνι** [sapúni]

I'd like to change rooms.	**Θα ήθελα να αλλάξω δωμάτιο.** [θa íθelʲa na alʲákso ðomátio]
I can't find my key.	**Δεν βρίσκω το κλειδί μου.** [ðen vrísko to kliðí mu]
Could you open my room, please?	**Θα μπορούσατε παρακαλώ να ανοίξετε το δωμάτιό μου;** [θa borúsate parakalʲó na aníksete to ðomátió mu?]
Who's there?	**Ποιος είναι;** [pios íne?]
Come in!	**Περάστε!** [peráste!]
Just a minute!	**Μια στιγμή!** [mia stiɣmí!]

Not right now, please.	**Όχι τώρα, παρακαλώ.** [óxi tóra, parakalʲó]
Come to my room, please.	**Παρακαλώ, μπείτε στο δωμάτιό μου.** [parakalʲó, bíte sto ðomátió mu]

I'd like to order food service.	**Θα ήθελα να παραγγείλω φαγητό στο δωμάτιο.** [θa íθelʲa na parangílʲo fajitó sto ðomátio]
My room number is ...	**Ο αριθμός δωματίου μου είναι ...** [o ariθmós ðomatíu mu íne ...]

I'm leaving ...	**Φεύγω ...** [févɣo ...]
We're leaving ...	**Φεύγουμε ...** [févɣume ...]
right now	**τώρα** [tóra]
this afternoon	**σήμερα το απόγευμα** [símera to apójevma]
tonight	**απόψε** [apópse]
tomorrow	**αύριο** [ávrio]
tomorrow morning	**αύριο το πρωί** [ávrio to proí]
tomorrow evening	**αύριο βράδυ** [ávrio vráði]
the day after tomorrow	**μεθαύριο** [meθávrio]

I'd like to pay.	**Θα ήθελα να πληρώσω.** [θa íθelʲa na pliróso]
Everything was wonderful.	**Όλα ήταν υπέροχα.** [ólʲa ítan ipéroxa]
Where can I get a taxi?	**Πού μπορώ να πάρω ένα ταξί;** [pú boró na páro éna taksí?]
Would you call a taxi for me, please?	**Μπορείτε παρακαλώ να καλέσετε ένα ταξί για μένα;** [boríte parakalʲó na kalésete éna taksí ja ména?]

Restaurant

Can I look at the menu, please?	**Μπορώ να έχω έναν κατάλογο παρακαλώ;** [boró na éxo énan katálʲoɣo parakalʲó?]
Table for one.	**Τραπέζι για ένα άτομο.** [trapézi ja éna átomo]
There are two (three, four) of us.	**Είμαστε δύο (τρία, τέσσερα) άτομα.** [ímaste ðío (tría, tésera) átoma]

Smoking	**Επιτρέπεται Κάπνισμα** [epitrépete kápnizma]
No smoking	**Απαγορεύεται το κάπνισμα** [apaɣorévete to kápnizma]
Excuse me! (addressing a waiter)	**Συγνώμη!** [siɣnómi!]
menu	**κατάλογος φαγητού** [katálʲoɣos fajitú]
wine list	**κατάλογος κρασιών** [katálʲoɣos krasión]
The menu, please.	**Τον κατάλογο, παρακαλώ.** [ton katálʲoɣo, parakalʲó]
Are you ready to order?	**Είστε έτοιμος να παραγγείλετε;** [íste étimos na parangílete?]
What will you have?	**Τι θα πάρετε;** [ti θa párete?]
I'll have ...	**Θα πάρω ...** [θa páro ...]

I'm a vegetarian.	**Είμαι χορτοφάγος.** [íme xortofáɣos]
meat	**κρέας** [kréas]
fish	**ψάρι** [psári]
vegetables	**λαχανικά** [lʲaxaniká]
Do you have vegetarian dishes?	**Έχετε πιάτα για χορτοφάγους;** [éxete piáta ja xortofágus?]
I don't eat pork.	**Δεν τρώω χοιρινό.** [ðen tróo xirinó]
Band-Aid	**Αυτός /αυτή/ δεν τρώει κρέας.** [aftós /aftí/ ðen trói kréas]
I am allergic to ...	**Είμαι αλλεργικός στο ...** [íme alerjikós sto ...]

Would you please bring me ...	**Μπορείτε παρακαλώ να μου φέρετε ...** [boríte parakalʲó na mu férete ...]
salt | pepper | sugar	**αλάτι | πιπέρι | ζάχαρη** [alʲáti | pipéri | záxari]
coffee | tea | dessert	**καφέ | τσάι | επιδόρπιο** [kafé | tsái | epiðórpio]
water | sparkling | plain	**νερό | ανθρακούχο | φυσικό μεταλλικό** [neró | anθrakúxo | fisikó metalikó]
a spoon | fork | knife	**ένα κουτάλι | πιρούνι | μαχαίρι** [éna kutáli | pirúni | maxéri]
a plate | napkin	**ένα πιάτο | πετσέτα** [éna piáto | petséta]

Enjoy your meal!	**Καλή όρεξη!** [kalí óreksi!]
One more, please.	**Ένα ακόμα, παρακαλώ.** [éna akóma, parakalʲó]
It was very delicious.	**Ήταν πολύ νόστιμο.** [ítan polí nóstimo]

---

check | change | tip	**λογαριασμός | ρέστα | πουρμπουάρ** [lʲoɣariazmós | résta | purbuár]
Check, please. (Could I have the check, please?)	**Τον λογαριασμό, παρακαλώ.** [ton lʲoɣariazmó, parakalʲó]
Can I pay by credit card?	**Μπορώ να πληρώσω** **με πιστωτική κάρτα;** [boró na pliróso me pistotikí kárta?]
I'm sorry, there's a mistake here.	**Συγνώμη, εδώ υπάρχει ένα λάθος.** [siɣnómi, eðó ipárxi éna lʲáθos]

Shopping

Can I help you?	**Τι θα θέλατε παρακαλώ;** [ti θa θélʲate parakalʲó?]
Do you have …?	**Έχετε …;** [éxete …?]
I'm looking for …	**Ψάχνω για …** [psáxno ja …]
I need …	**Χρειάζομαι …** [xriázome …]
I'm just looking.	**Ρίχνω απλώς μία ματιά.** [ríxno aplʲós mía matiá]
We're just looking.	**Ρίχνουμε απλώς μία ματιά.** [ríxnume aplʲós mía matiá]
I'll come back later.	**Θα ξαναέρθω αργότερα.** [θa ksanaérθo arɣótera]
We'll come back later.	**Θα ξαναέρθουμε αργότερα.** [θa ksanaérθume arɣótera]
discounts | sale	**εκπτώσεις | πώληση με προσφορά** [ekptósis | pólisi me prosforá]
Would you please show me …	**Μπορείτε παρακαλώ να μου δείξετε …** [boríte parakalʲó na mu ðíksete …]
Would you please give me …	**Μπορείτε παρακαλώ να μου δώσετε …** [boríte parakalʲó na mu ðósete …]
Can I try it on?	**Μπορώ να το δοκιμάσω;** [boró na to ðokimáso?]
Excuse me, where's the fitting room?	**Συγνώμη, που είναι το δοκιμαστήριο;** [siɣnómi, pu íne to ðokimastírio?]
Which color would you like?	**Ποιο χρώμα θα θέλατε;** [pio xróma θa θélʲate?]
size | length	**μέγεθος | νούμερο** [méjeθos | número]
How does it fit?	**Μου πάει;** [mu pái?]
How much is it?	**Πόσο κάνει;** [póso káni?]
That's too expensive.	**Είναι πολύ ακριβό.** [íne polí akrivó]
I'll take it.	**Θα το πάρω.** [θa to páro]

Excuse me, where do I pay?	**Συγνώμη, που μπορώ να πληρώσω;** [siɣnómi, pu boró na pliróso?]
Will you pay in cash or credit card?	**Θα πληρώσετε με μετρητά ή με πιστωτική κάρτα;** [θa plirósete me metritá í me pistotikí kárta?]
In cash | with credit card	**Τοις μετρητοίς | με πιστωτική κάρτα** [tis metritoís | me pistotikí kárta]

Do you want the receipt?	**Θέλετε απόδειξη;** [θélete apóðiksi?]
Yes, please.	**Ναι παρακαλώ.** [ne parakalʲó]
No, it's OK.	**Όχι, είναι εντάξει.** [óxi, íne endáksi]
Thank you. Have a nice day!	**Ευχαριστώ. Καλή σας μέρα!** [efxaristó. kalí sas méra!]

In town

Excuse me, ...	**Με συγχωρείτε, ...** [me sinxoríte, ...]
I'm looking for ...	**Ψάχνω για ...** [psáxno ja ...]
the subway	**μετρό** [metró]
my hotel	**το ξενοδοχείο μου** [to ksenoðoxío mu]
the movie theater	**σινεμά** [sinemá]
a taxi stand	**πιάτσα ταξί** [piátsa taksí]

---

an ATM	**ATM** [eitiém]
a foreign exchange office	**ανταλλακτήριο συναλλάγματος** [adalʲaktírio sinalʲáɣmatos]
an internet café	**ίντερνετ καφέ** [ínternet kafé]
... street	**την οδό ...** [tin oðó ...]
this place	**αυτό το μέρος** [aftó to méros]

Do you know where ... is?	**Ξέρετε πού είναι ...;** [ksérete pú íne ...?]
Which street is this?	**Ποια οδός είναι αυτή;** [pia oðós íne aftí?]
Show me where we are right now.	**Δείξετε μου που βρισκόμαστε αυτή τη στιγμή.** [ðíksete mu pu vriskómaste aftí ti stiɣmí]
Can I get there on foot?	**Μπορώ να πάω εκεί με τα πόδια;** [boró na páo ekí me ta póðia?]
Do you have a map of the city?	**Μήπως έχετε χάρτη της πόλης;** [mípos éxete xárti tis pólis?]

How much is a ticket to get in?	**Πόσο κάνει το εισιτήριο για να μπείς μέσα;** [póso káni to isitírio ja na béis mésa?]
Can I take pictures here?	**Μπορώ να βγάλω φωτογραφίες εδώ;** [boró na vɣálʲo fotografíes eðó?]

Are you open?	**Είστε ανοικτά;** [íste aniktá?]
When do you open?	**Πότε ανοίγετε;** [póte aníjete?]
When do you close?	**Πότε κλείνετε;** [póte klínete?]

Money

money	**χρήματα** [xrímata]
cash	**μετρητά** [metritá]
paper money	**χαρτονομίσματα** [xartonomízmata]
loose change	**ρέστα** [résta]
check | change | tip	**λογαριασμός | ρέστα | πουρμπουάρ** [lʲoɣariazmóς | résta | purbuár]
credit card	**πιστωτική κάρτα** [pistotikí kárta]
wallet	**πορτοφόλι** [portofóli]
to buy	**αγοράζω** [aɣorázo]
to pay	**πληρώνω** [pliróno]
fine	**πρόστιμο** [próstimo]
free	**δωρεάν** [ðoreán]
Where can I buy ...?	**Πού μπορώ να αγοράσω ...;** [pú boró na aɣoráso ...?]
Is the bank open now?	**Είναι τώρα η τράπεζα ανοιχτή;** [íne tóra i trápeza anixtí?]
When does it open?	**Πότε ανοίγει;** [póte aníʝi?]
When does it close?	**Πότε κλείνει;** [póte klíni?]
How much?	**Πόσο κάνει;** [póso káni?]
How much is this?	**Πόσο κάνει αυτό;** [póso káni aftó?]
That's too expensive.	**Είναι πολύ ακριβό.** [íne polí akrivó]
Excuse me, where do I pay?	**Συγνώμη, που μπορώ να πληρώσω;** [siɣnómi, pu boró na pliróso?]
Check, please.	**Τον λογαριασμό, παρακαλώ.** [ton lʲoɣariazmó, parakalʲó]

Can I pay by credit card?

**Μπορώ να πληρώσω
με πιστωτική κάρτα;**
[boró na pliróso
me pistotikí kárta?]

Is there an ATM here?

**Μήπως υπάρχει εδώ
κοντά κάποιο ATM;**
[mípos ipárxi eðó
kondá kápio eitiém?]

I'm looking for an ATM.

Ψάχνω να βρω ένα ATM.
[psáxno ja na vro éna eitiém]

I'm looking for a foreign exchange office.

**Ψάχνω για ένα ανταλλακτήριο
συναλλάγματος.**
[psáxno ja éna andalʲaktírio
sinalʲáɣmatos]

I'd like to change ...

Θα ήθελα να αλλάξω ...
[θa íθelʲa na alʲákso ...]

What is the exchange rate?

Ποια είναι η τιμή συναλλάγματος;
[pia íne i timí sinalʲáɣmatos?]

Do you need my passport?

Θέλετε το διαβατήριο μου;
[θélete to ðiavatírio mu?]

Time

What time is it?	**Τι ώρα είναι;** [ti óra íne?]
When?	**Πότε;** [póte?]
At what time?	**Τι ώρα;** [ti óra?]
now | later | after ...	**τώρα | αργότερα | μετά ...** [tóra | arɣótera | metá ...]
one o'clock	**μία η ώρα** [mía i óra]
one fifteen	**μία και τέταρτο** [mía ke tétarto]
one thirty	**μία και μισή** [mía ke misí]
one forty-five	**δύο παρά τέταρτο** [ðío pará tétarto]
one | two | three	**μία | δύο | τρις** [mía | ðío | tris]
four | five | six	**τέσσερις | πέντε | έξι** [téseris | pénde | éksi]
seven | eight | nine	**επτά | οκτώ | εννέα** [eptá | októ | enéa]
ten | eleven | twelve	**δέκα | έντεκα | δώδεκα** [ðéka | éndeka | ðóðeka]
in ...	**σε ...** [se ...]
five minutes	**πέντε λεπτά** [pénde leptá]
ten minutes	**δέκα λεπτά** [ðéka leptá]
fifteen minutes	**δεκαπέντε λεπτά** [ðekapénde leptá]
twenty minutes	**είκοσι λεπτά** [íkosi leptá]
half an hour	**μισή ώρα** [misí óra]
an hour	**μια ώρα** [mia óra]

in the morning	**το πρωί** [to proí]
early in the morning	**νωρίς το πρωί** [norís to proí]
this morning	**σήμερα το πρωί** [símera to proí]
tomorrow morning	**αύριο το πρωί** [ávrio to proí]
in the middle of the day	**την ώρα του μεσημεριανού** [tin óra tu mesimerianú]
in the afternoon	**το απόγευμα** [to apójevma]
in the evening	**το βράδυ** [to vráði]
tonight	**απόψε** [apópse]
at night	**την νύχτα** [tin níxta]
yesterday	**εχθές** [exθés]
today	**σήμερα** [símera]
tomorrow	**αύριο** [ávrio]
the day after tomorrow	**μεθαύριο** [meθávrio]
What day is it today?	**Τι μέρα είναι σήμερα;** [ti méra íne símera?]
It's ...	**Είναι ...** [íne ...]
Monday	**Δευτέρα** [ðeftéra]
Tuesday	**Τρίτη** [tríti]
Wednesday	**Τετάρτη** [tetárti]
Thursday	**Πέμπτη** [pémpti]
Friday	**Παρασκευή** [paraskeví]
Saturday	**Σάββατο** [sávato]
Sunday	**Κυριακή** [kiriakí]

Greetings. Introductions

Hello.	**Γεια σας.** [ja sas]
Pleased to meet you.	**Χάρηκα που σας γνώρισα.** [xárika pu sas ɣnórisa]
Me too.	**Και εγώ επίσης.** [ke eɣó epísis]
I'd like you to meet ...	**Θα ήθελα να συναντήσεις ...** [θa íθelʲa na sinandísis ...]
Nice to meet you.	**Χαίρομαι που σας γνωρίζω.** [xérome pu sas ɣnorízo]

How are you?	**Τι κάνετε; Πώς είστε;** [ti kánete? pós íste?]
My name is ...	**Ονομάζομαι ...** [onomázome ...]
His name is ...	**Το όνομά του είναι ...** [to ónomá tu íne ...]
Her name is ...	**Το όνομά της είναι ...** [to ónomá tes íne ...]
What's your name?	**Πώς ονομάζεστε;** [pós onomázeste?]
What's his name?	**Πώς ονομάζεται;** [pós onomázete?]
What's her name?	**Πώς ονομάζεται;** [pós onomázete?]

What's your last name?	**Ποιο είναι το επώνυμό σας;** [pio íne to epónimó sas?]
You can call me ...	**Μπορείτε να με λέτε ...** [boríte na me léte ...]
Where are you from?	**Από πού είστε;** [apó pú íste?]
I'm from ...	**Είμαι από ...** [íme apó ...]
What do you do for a living?	**Ποιο είναι το επάγγελμά σας;** [pio íne to epángelʲmá sas?]
Who is this?	**Ποιος είναι αυτός ο άνθρωπος;** [pios íne aftós o ánθropos?]
Who is he?	**Ποιος είναι αυτός;** [pios íne aftós?]
Who is she?	**Ποια είναι αυτή;** [pia íne aftí?]
Who are they?	**Ποιοι είναι αυτοί;** [pii íne aftí?]

This is ...	**Αυτός είναι ...** [aftós íne ...]
my friend (masc.)	**ο φίλος μου** [o fílʲos mu]
my friend (fem.)	**η φίλη μου** [i fíli mu]
my husband	**ο σύζυγός μου** [o síziɣós mu]
my wife	**η σύζυγός μου** [i síziɣós mu]

my father	**ο πατέρας μου** [o patéras mu]
my mother	**η μητέρα μου** [i mitéra mu]
my brother	**ο αδελφός μου** [o aðelʲfós mu]
my sister	**η αδελφή μου** [i aðelʲfí mu]
my son	**ο γιός μου** [o ʝiós mu]
my daughter	**η κόρη μου** [i kóri mu]

This is our son.	**Αυτός είναι ο γιός μας.** [aftós íne o ʝiós mas]
This is our daughter.	**Αυτή είναι η κόρη μας.** [aftí íne i kóri mas]
These are my children.	**Αυτά είναι τα παιδιά μου.** [aftá íne ta peðiá mu]
These are our children.	**Αυτά είναι τα παιδιά μας.** [aftá íne ta peðiá mas]

Farewells

Good bye!	**Αντίο!** [adío!]
Bye! (inform.)	**Γεια σου!** [ʝa su!]
See you tomorrow.	**Θα σας δω αύριο.** [θa sas ðo ávrio]
See you soon.	**Θα σε δω σύντομα.** [θa se ðo síndoma]
See you at seven.	**Θα σε δω στις επτά.** [θa se ðo stis eptá]
Have fun!	**Καλή διασκέδαση!** [kalí ðiaskéðasi!]
Talk to you later.	**Θα τα πούμε αργότερα.** [θa ta púme arɣótera]
Have a nice weekend.	**Καλό σαββατοκύριακο.** [kalʲó savatokíriako]
Good night.	**Καλή νύχτα σας.** [kalí níxta sas]
It's time for me to go.	**Είναι ώρα να πηγαίνω.** [íne óra na piʝéno]
I have to go.	**Πρέπει να φύγω.** [prépi na fíɣo]
I will be right back.	**Θα γυρίσω αμέσως.** [θa ʝiríso amésos]
It's late.	**Είναι αργά.** [íne arɣá]
I have to get up early.	**Πρέπει να ξυπνήσω νωρίς.** [prépi na ksipníso norís]
I'm leaving tomorrow.	**Φεύγω αύριο.** [févɣo ávrio]
We're leaving tomorrow.	**Φεύγουμε αύριο.** [févɣume ávrio]
Have a nice trip!	**Καλό σας ταξίδι!** [kalʲó sas taksíði!]
It was nice meeting you.	**Χάρηκα που σας γνώρισα.** [xárika pu sas ɣnórisa]
It was nice talking to you.	**Χάρηκα που μιλήσαμε.** [xárika pu milísame]
Thanks for everything.	**Ευχαριστώ για όλα.** [efxaristó ʝa ólʲa]

I had a very good time.	**Πέρασα πολύ καλά.** [pérasa polí kalʲá]
We had a very good time.	**Περάσαμε πολύ καλά.** [perásame polí kalʲá]
It was really great.	**Ήταν πραγματικά υπέροχα.** [ítan praɣmatiká ipéroxa]
I'm going to miss you.	**Θα μου λείψετε.** [θa mu lípsete]
We're going to miss you.	**Θα μας λείψετε.** [θa mas lípsete]

Good luck!	**Καλή τύχη!** [kalí tíxi!]
Say hi to …	**Χαιρετίσματα σε …** [xeretízmata se …]

Foreign language

I don't understand.	**Δεν καταλαβαίνω.** [ðen katalʲavéno]
Write it down, please.	**Μπορείτε σας παρακαλώ να το γράψετε;** [boríte sas parakalʲó na to ɣrápsete?]
Do you speak ...?	**Μιλάτε ...;** [milʲáte ...?]

I speak a little bit of ...	**Μιλάω λίγο ...** [milʲáo líɣo ...]
English	**αγγλικά** [angliká]
Turkish	**τουρκικά** [turkiká]
Arabic	**αραβικά** [araviká]
French	**γαλλικά** [ɣaliká]

German	**γερμανικά** [jermaniká]
Italian	**ιταλικά** [italiká]
Spanish	**ισπανικά** [ispaniká]
Portuguese	**πορτογαλικά** [portoɣaliká]
Chinese	**κινέζικα** [kinézika]
Japanese	**ιαπωνικά** [japoniká]

Can you repeat that, please.	**Μπορείτε παρακαλώ να το επαναλάβετε;** [boríte parakalʲó na to epanalʲávete?]
I understand.	**Καταλαβαίνω.** [katalʲavéno]
I don't understand.	**Δεν καταλαβαίνω.** [ðen katalʲavéno]
Please speak more slowly.	**Παρακαλώ μιλάτε πιο αργά.** [parakalʲó milʲáte pio arɣá]

Is that correct? (Am I saying it right?)

Είναι σωστό αυτό;
[íne sostó aftó?]

What is this? (What does this mean?)

Τι είναι αυτό;
[ti íne aftó?]

Apologies

Excuse me, please.	**Με συγχωρείτε, παρακαλώ.** [me sinxoríte, parakalʲó]
I'm sorry.	**Λυπάμαι.** [lipáme]
I'm really sorry.	**Λυπάμαι πολύ.** [lipáme polí]
Sorry, it's my fault.	**Με συγχωρείτε, ήταν λάθος μου.** [me sinxoríte, ítan lʲáθos mu]
My mistake.	**Είναι λάθος μου.** [íne lʲáθos mu]

May I ...?	**Θα μπορούσα να ...;** [θa borúsa na ...?]
Do you mind if I ...?	**Θα σας πείραζε να ...;** [θa sas píraze na ...?]
It's OK.	**Είναι εντάξει.** [íne endáksi]
It's all right.	**Εντάξει.** [endáksi]
Don't worry about it.	**Μην σας απασχολεί.** [min sas apasxolí]

Agreement

Yes.	**Ναι.** [ne]
Yes, sure.	**Ναι, φυσικά.** [ne, fisiká]
OK (Good!)	**Εντάξει! Καλά!** [endáksi! kalʲá!]
Very well.	**Πολύ καλά.** [polí kalʲá]
Certainly!	**Φυσικά!** [fisiká!]
I agree.	**Συμφωνώ.** [simfonó]
That's correct.	**Αυτό είναι σωστό.** [aftó íne sostó]
That's right.	**Σωστά.** [sostá]
You're right.	**Έχετε δίκιο.** [éxete ðíkio]
I don't mind.	**Δεν με πειράζει.** [ðen me pirázi]
Absolutely right.	**Απολύτως σωστό.** [apolítos sostó]
It's possible.	**Είναι πιθανό.** [íne piθanó]
That's a good idea.	**Είναι μία καλή ιδέα.** [íne mía kalí iðéa]
I can't say no.	**Δεν μπορώ να αρνηθώ.** [ðen boró na arniθó]
I'd be happy to.	**Βεβαίως.** [vevéos]
With pleasure.	**Ευχαρίστως.** [efxarístos]

Refusal. Expressing doubt

No.	**Όχι.** [óxi]
Certainly not.	**Βέβαια όχι.** [vévea óxi]
I don't agree.	**Δεν συμφωνώ.** [ðen simfonó]
I don't think so.	**Δεν νομίζω** [ðen nomízo]
It's not true.	**Δεν είναι αλήθεια.** [ðen íne alíθia]
You are wrong.	**Κάνετε λάθος.** [kánete lʲáθos]
I think you are wrong.	**Νομίζω ότι κάνετε λάθος.** [nomízo óti kánete lʲáθos]
I'm not sure.	**Δεν είμαι σίγουρος.** [ðen íme síɣuros]
It's impossible.	**Είναι αδύνατο.** [íne aðínato]
Nothing of the kind (sort)!	**Τίποτα τέτοιο!** [típota tétio!]
The exact opposite.	**Το ακριβώς αντίθετο.** [to akrivós andíθeto]
I'm against it.	**Διαφωνώ με αυτό.** [ðiafonó me aftó]
I don't care.	**Δεν με νοιάζει.** [ðen me niázi]
I have no idea.	**Δεν έχω ιδέα.** [ðen éxo iðéa]
I doubt it.	**Δεν νομίζω** [ðen nomízo]
Sorry, I can't.	**Με συγχωρείτε, δεν μπορώ.** [me sinxoríte, ðen boró]
Sorry, I don't want to.	**Με συγχωρείτε, δεν θέλω να.** [me sinxoríte, ðen θélʲo na]
Thank you, but I don't need this.	**Ευχαριστώ, αλλά δεν το χρειάζομαι αυτό.** [efxaristó, alʲá ðen to xriázome aftó]
It's getting late.	**Είναι αργά.** [íne arɣá]

I have to get up early.	**Πρέπει να σηκωθώ νωρίς.** [prépi na sekoθó norís]
I don't feel well.	**Δεν αισθάνομαι καλά.** [ðen esθánome kalʲá]

Expressing gratitude

Thank you.	**Σας ευχαριστώ.** [sas efxaristó]
Thank you very much.	**Σας ευχαριστώ πολύ.** [sas efxaristó polí]
I really appreciate it.	**Το εκτιμώ πολύ.** [to ektimó polí]
I'm really grateful to you.	**Σας είμαι πραγματικά ευγνώμων.** [sas íme praɣmatiká evɣnómon]
We are really grateful to you.	**Σας είμαστε πραγματικά ευγνώμονες.** [sas ímaste praɣmatiká evɣnómones]

Thank you for your time.	**Σας ευχαριστώ για τον χρόνο σας.** [sas efxaristó ja ton xróno sas]
Thanks for everything.	**Ευχαριστώ για όλα.** [efxaristó ja ólʲa]
Thank you for ...	**Σας ευχαριστώ για ...** [sas efxaristó ja ...]
your help	**την βοήθειά σας** [tin voíθiá sas]
a nice time	**να περάσετε καλά** [na perásete kalʲá]

a wonderful meal	**ένα υπέροχο γεύμα** [éna ipéroxo jévma]
a pleasant evening	**ένα ευχάριστο βράδυ** [éna efxáristo vráði]
a wonderful day	**μια υπέροχη μέρα** [mia ipéroxi méra]
an amazing journey	**ένα καταπληκτικό ταξίδι** [éna katapliktikó taksíði]

Don't mention it.	**Δεν είναι τίποτα** [ðen íne típota]
You are welcome.	**Παρακαλώ, δεν κάνει τίποτα.** [parakalʲó, ðen káni típota]
Any time.	**Οποτεδήποτε.** [opoteðípote]
My pleasure.	**Είναι ευχαρίστηση μου.** [íne efxarístisi mu]
Forget it.	**Ξέχνα το.** [kséxna to]
Don't worry about it.	**Μην σας απασχολεί.** [min sas apasxolí]

Congratulations. Best wishes

Congratulations!	**Συγχαρητήρια!** [sinxaritíria!]
Happy birthday!	**Χρόνια πολλά!** [xrónia polʲá!]
Merry Christmas!	**Καλά Χριστούγεννα!** [kalʲá xristúʝena!]
Happy New Year!	**Καλή Χρονιά!** [kalí xroniá!]
Happy Easter!	**Καλό Πάσχα!** [kalʲó pásxa!]
Happy Hanukkah!	**Καλό Χάνουκα!** [kalʲó xánuka!]
I'd like to propose a toast.	**Θα ήθελα να κάνω μία πρόποση** [θa íθelʲa na káno mía próposi]
Cheers!	**Γεια μας!** [ʝa mas!]
Let's drink to ...!	**Ας πιούμε στην υγειά του ...!** [as piúme stin iʝiá tu ...!]
To our success!	**Στην επιτυχία μας!** [stin epitixía mas!]
To your success!	**Στην επιτυχία σας!** [stin epitixía sas!]
Good luck!	**Καλή τύχη!** [kalí tíxi]
Have a nice day!	**Να έχετε μια ευχάριστη μέρα!** [na éxete mia efxáristi méra!]
Have a good holiday!	**Καλές διακοπές!** [kalés ðiakopés!]
Have a safe journey!	**Να έχετε ένα ασφαλές ταξίδι!** [na éxete éna asfalés taksíði!]
I hope you get better soon!	**Ελπίζω να αναρρώσετε σύντομα!** [elʲpízo na anarósete síntoma!]

Socializing

Why are you sad?	**Γιατί είστε λυπημένος;** [ʝatí íste lipeménos?]
Smile! Cheer up!	**Χαμογελάστε!** [xamoʝelʲáste!]
Are you free tonight?	**Έχετε χρόνο απόψε;** [éxete xróno apópse?]
May I offer you a drink?	**Θα μπορούσα να σας προσφέρω ένα ποτό;** [θa borúsa na sas prosféro éna potó?]
Would you like to dance?	**Θα θέλατε να χορέψουμε;** [θa θélʲate na xorépsume?]
Let's go to the movies.	**Πάμε σινεμά.** [páme sinemá]

May I invite you to ...?	**Θα μπορούσα να σας προσκαλέσω σε ...;** [θa borúsa na sas proskaléso se ...?]
a restaurant	**δείπνο** [ðípno]
the movies	**σινεμά** [sinemá]
the theater	**θέατρο** [θéatro]
go for a walk	**για μια βόλτα** [ʝa mia vólʲta]
At what time?	**Τι ώρα;** [ti óra?]
tonight	**απόψε** [apópse]
at six	**στις έξι** [stis éksi]
at seven	**στις επτά** [stis eptá]
at eight	**στις οκτώ** [stis októ]
at nine	**στις εννέα** [stis enéa]

Do you like it here?	**Σας αρέσει εδώ;** [sas arési eðó?]
Are you here with someone?	**Είστε εδώ με κάποιον;** [íste eðó me kápion?]

I'm with my friend.	**Είμαι με τον φίλο μου.** [íme me ton fílʲo mu]
I'm with my friends.	**Είμαι με τους φίλους μου.** [íme me tus fílʲus mu]
No, I'm alone.	**Όχι, είμαι μόνος /μόνη/.** [óxi, íme mónos /móni/]
Do you have a boyfriend?	**Έχεις αγόρι;** [éxis aɣóri?]
I have a boyfriend.	**Έχω αγόρι.** [éxo aɣóri]
Do you have a girlfriend?	**Έχεις κορίτσι;** [éxis korítsi?]
I have a girlfriend.	**Έχω κορίτσι.** [éxo korítsi]
Can I see you again?	**Θέλεις να ξαναβρεθούμε;** [θélis na ksanavreθúme?]
Can I call you?	**Μπορώ να σου τηλεφωνήσω;** [boró na su tilefoníso?]
Call me. (Give me a call.)	**Πάρε με τηλέφωνο.** [páre me tiléfono]
What's your number?	**Ποιος είναι ο αριθμός σου;** [pios íne o ariθmós su?]
I miss you.	**Μου λείπεις.** [mu lípis]
You have a beautiful name.	**Έχετε ωραίο όνομα.** [éxete oréo ónoma]
I love you.	**Σ'αγαπώ.** [saɣapó]
Will you marry me?	**Θα με παντρευτείς;** [θa me pandreftís?]
You're kidding!	**Αστειεύεστε!** [astiéveste!]
I'm just kidding.	**Απλώς αστειεύομαι.** [aplʲós astiévome]
Are you serious?	**Μιλάτε σοβαρά;** [milʲáte sovará?]
I'm serious.	**Μιλώ σοβαρά.** [milʲó sovará]
Really?!	**Αλήθεια;** [alíθia?]
It's unbelievable!	**Είναι απίστευτο!** [íne apístefto!]
I don't believe you.	**Δεν σας πιστεύω.** [ðen sas pistévo]
I can't.	**Δεν μπορώ.** [ðen boró]
I don't know.	**Δεν ξέρω.** [ðen kséro]

I don't understand you.	**Δεν σας καταλαβαίνω.** [ðen sas katalʲavéno]
Please go away.	**Παρακαλώ φύγετε.** [parakalʲó fíjete]
Leave me alone!	**Αφήστε με ήσυχη!** [afíste me ésixi!]

I can't stand him.	**Δεν τον αντέχω.** [ðen ton adéxo]
You are disgusting!	**Είστε απαίσιος!** [íste apésios!]
I'll call the police!	**Θα καλέσω την αστυνομία!** [θa kaléso tin astinomía!]

Sharing impressions. Emotions

I like it.	**Μου αρέσει.** [mu arési]
Very nice.	**Πολύ ωραίο.** [polí oréo]
That's great!	**Είναι θαυμάσιο!** [íne θavmásio!]
It's not bad.	**Δεν είναι κακό.** [ðen íne kakó]

I don't like it.	**Δεν μου αρέσει.** [ðen mu arési]
It's not good.	**Δεν είναι καλό.** [ðen íne kalʲó]
It's bad.	**Είναι κακό.** [íne kakó]
It's very bad.	**Είναι πολύ κακό.** [íne polí kakó]
It's disgusting.	**Είναι αηδιαστικό.** [íne aiðiastikó]

I'm happy.	**Είμαι χαρούμενος /χαρούμενη/.** [íme xarúmenos /xarúmeni/]
I'm content.	**Είμαι ικανοποιημένος /ικανοποιημένη/.** [íme ikanopiménos /ikanopiméni/]
I'm in love.	**Είμαι ερωτευμένος /ερωτευμένη/.** [íme erotevménos /erotevméni/]
I'm calm.	**Είμαι ήρεμος /ήρεμη/.** [íme íremos /íremi/]
I'm bored.	**Βαριέμαι.** [variéme]
I'm tired.	**Είμαι κουρασμένος /κουρασμένη/.** [íme kurazménos /kurazméni/]
I'm sad.	**Είμαι στενοχωρημένος /στενοχωρημένη/.** [íme stenoxoriménos /stenoxoriméni/]
I'm frightened.	**Φοβάμαι.** [fováme]
I'm angry.	**Είμαι θυμωμένος /θυμωμένη/.** [íme θimoménos /θimoméni/]
I'm worried.	**Ανησυχώ** [anesixó]

I'm nervous.	**Είμαι νευρικός /νευρική/.** [íme nevrikós /nevrikí/]
I'm jealous. (envious)	**Ζηλεύω.** [zilévo]
I'm surprised.	**Εκπλήσσομαι.** [ekplísome]
I'm perplexed.	**Νιώθω αμήχανα.** [nióθo amíxana]

Problems. Accidents

I've got a problem.	**Έχω ένα πρόβλημα.** [éxo éna próvlima]
We've got a problem.	**Έχουμε ένα πρόβλημα.** [éxume éna próvlima]
I'm lost.	**Χάθηκα.** [xáθika]
I missed the last bus (train).	**Έχασα το τελευταίο λεωφορείο (τρένο).** [éxasa to teleftéo leoforío (tréno)]
I don't have any money left.	**Δεν έχω άλλα χρήματα.** [ðen éxo álʲa xrímata]

I've lost my ...	**Έχασα το ... μου** [éxasa to ... mu]
Someone stole my ...	**Μου έκλεψαν το ... μου** [mu éklepsan to ... mu]
passport	**διαβατήριο** [ðiavatírio]
wallet	**πορτοφόλι** [portofóli]
papers	**χαρτιά** [xartiá]
ticket	**εισιτήριο** [isitírio]

money	**χρήματα** [xrímata]
handbag	**τσάντα** [tsánda]
camera	**κάμερα** [kámera]
laptop	**λάπτοπ** [lʲáptop]
tablet computer	**τάμπλετ** [táblet]
mobile phone	**κινητό** [kinitó]

Help me!	**Βοηθήστε με!** [voiθíste me!]
What's happened?	**Τι συνέβη;** [ti sinévi?]

fire	**φωτιά** [fotiá]
shooting	**πυροβολισμός** [pirovolizmós]
murder	**φόνος** [fónos]
explosion	**έκρηξη** [ékriksi]
fight	**καυγάς** [kavɣás]

Call the police!	**Καλέστε την αστυνομία!** [kaléste tin astinomía!]
Please hurry up!	**Παρακαλώ βιαστείτε!** [parakalʲó viastíte!]
I'm looking for the police station.	**Ψάχνω να βρω ένα αστυνομικό τμήμα.** [psáxno na vro éna astinomikó tmíma]
I need to make a call.	**Πρέπει να τηλεφωνήσω.** [prépi na tilefoníso]
May I use your phone?	**Θα μπορούσα να χρησιμοποιήσω το τηλέφωνό σας;** [θa borúsa na xresimopiéso to tiléfonó sas?]

I've been …	**Με …** [me …]
mugged	**έδειραν** [éðiran]
robbed	**λήστεψαν** [lístepsan]
raped	**βίασαν** [víasan]
attacked (beaten up)	**επιτέθηκαν** [epitéθikan]

Are you all right?	**Είστε καλά;** [íste kalʲá?]
Did you see who it was?	**Είδατε ποιος ήταν;** [íðate pios itan?]
Would you be able to recognize the person?	**Μπορείτε να αναγνωρίσετε αυτό το άτομο;** [boríte na anaɣnorísete aftó to átomo?]
Are you sure?	**Είστε σίγουρος;** [íste síɣuros?]

Please calm down.	**Παρακαλώ ηρεμήστε.** [parakalʲó iremíste]
Take it easy!	**Με την ησυχία σας!** [me tin esixía sas!]

Don't worry!	**Μην ανησυχείτε!** [min anisixíte!]
Everything will be fine.	**Όλα θα πάνε καλά.** [ólʲa θa páne kalʲá]
Everything's all right.	**Όλα είναι εντάξει.** [ólʲa íne edáksi]

Come here, please.	**Ελάτε εδώ, παρακαλώ.** [elʲáte eðó, parakalʲó]
I have some questions for you.	**Έχω να σας κάνω μερικές ερωτήσεις.** [éxo na sas káno merikés erotísis]
Wait a moment, please.	**Περιμένετε ένα λεπτό, παρακαλώ.** [periménete éna leptó, parakalʲó]
Do you have any I.D.?	**Έχετε την ταυτότητα σας μαζί σας;** [éxete tin taftótita sas mazí sas?]
Thanks. You can leave now.	**Ευχαριστώ. Μπορείτε να φύγετε.** [efxaristó. boríte na fíj̯ete]
Hands behind your head!	**Τα χέρια πίσω από το κεφάλι σας!** [ta xéria píso apó to kefáli sas!]
You're under arrest!	**Συλλαμβάνεστε!** [silʲamváneste!]

Health problems

Please help me.	**Παρακαλώ βοηθήστε με.** [parakalʲó voiθíste me]
I don't feel well.	**Δεν αισθάνομαι καλά.** [ðen esθánome kalʲá]
My husband doesn't feel well.	**Ο σύζυγός μου δεν αισθάνεται καλά.** [o síziɣós mu ðen esθánete kalʲá]
My son ...	**Ο γιός μου ...** [o ɟiós mu ...]
My father ...	**Ο πατέρας μου ...** [o patéras mu ...]
My wife doesn't feel well.	**Η γυναίκα μου δεν αισθάνεται καλά.** [i ɟinéka mu ðen esθánete kalʲá]
My daughter ...	**Η κόρη μου ...** [i kóri mu ...]
My mother ...	**Η μητέρα μου ...** [i mitéra mu ...]
I've got a ...	**Μου πονάει ...** [mu ponái ...]
headache	**το κεφάλι** [to kefáli]
sore throat	**ο λαιμός** [o lemós]
stomach ache	**το στομάχι** [to stomáxi]
toothache	**το δόντι** [to ðóndi]
I feel dizzy.	**Ζαλίζομαι.** [zalízome]
He has a fever.	**Αυτός έχει πυρετό.** [aftós éxi piretó]
She has a fever.	**Αυτή έχει πυρετό.** [afté éxi piretó]
I can't breathe.	**Δεν μπορώ να αναπνεύσω.** [ðen boró na anapnéfso]
I'm short of breath.	**Μου κόπηκε η αναπνοή.** [mu kópike i anapnoí]
I am asthmatic.	**Έχω άσθμα.** [éxo ásθma]
I am diabetic.	**Είμαι διαβητικός.** [íme ðiavetikós]

I can't sleep.	**Έχω αϋπνία.** [éxo aipnía]
food poisoning	**τροφική δηλητηρίαση** [trofikí ðilitiríasi]

It hurts here.	**Πονάω εδώ.** [ponáo eðó]
Help me!	**Βοηθήστε με!** [voiθíste me!]
I am here!	**Εδώ είμαι!** [eðó íme!]
We are here!	**Εδώ είμαστε!** [eðó ímaste!]
Get me out of here!	**Πάρτε με από δώ!** [párte me apó ðó!]

I need a doctor.	**Χρειάζομαι ένα γιατρό.** [xriázome éna ʝatró]
I can't move.	**Δεν μπορώ να κουνηθώ.** [ðen boró na kuniθó]
I can't move my legs.	**Δεν μπορώ να κουνήσω τα πόδια μου.** [ðen boró na kuníso ta póðia mu]

I have a wound.	**Είμαι τραυματισμένος /τραυματισμένη/.** [íme travmatizménos /travmatizméni/]
Is it serious?	**Είναι σοβαρό;** [íne sovaró?]
My documents are in my pocket.	**Τα χαρτιά μου είναι μέσα στην τσέπη μου.** [ta xartiá mu íne mésa stin tsépi mu]
Calm down!	**Ηρεμήστε!** [iremíste!]
May I use your phone?	**Θα μπορούσα να χρησιμοποιήσω το τηλέφωνο σας;** [θa borúsa na xresimopiéso to tiléfono sas?]

Call an ambulance!	**Καλέστε ένα ασθενοφόρο!** [kaléste éna asθenofóro!]
It's urgent!	**Είναι επείγον!** [íne epíɣon!]
It's an emergency!	**Είναι επείγον!** [íne epíɣon!]
Please hurry up!	**Παρακαλώ βιαστείτε!** [parakalʲó viastíte!]
Would you please call a doctor?	**Φωνάζετε παρακαλώ έναν γιατρό;** [fonázete parakalʲó énan ʝatró?]

Where is the hospital?	Πού είναι το νοσοκομείο; [pú íne to nosokomío?]
How are you feeling?	Πως αισθάνεστε; [pos esθáneste?]
Are you all right?	Είστε καλά; [íste kalʲá?]
What's happened?	Τι έγινε; [ti éjine?]
I feel better now.	Νοιώθω καλύτερα τώρα. [nióθo kalítera tóra]
It's OK.	Είναι εντάξει. [íne endáksi]
It's all right.	Όλα καλά. [ólʲa kalʲá]

At the pharmacy

pharmacy (drugstore)	**φαρμακείο** [farmakío]
24-hour pharmacy	**εφημερεύον φαρμακείο** [efmerévon farmakío]
Where is the closest pharmacy?	**Πού είναι το πιο κοντινό φαρμακείο;** [pú íne to pio kondinó farmakío?]
Is it open now?	**Είναι ανοιχτό αυτήν την ώρα;** [íne anixtó aftín tin óra?]
At what time does it open?	**Τι ώρα ανοίγει;** [ti óra anʝi?]
At what time does it close?	**Τι ώρα κλείνει;** [ti óra klíni?]
Is it far?	**Είναι μακριά από εδώ;** [íne makriá apó eðó?]
Can I get there on foot?	**Μπορώ να πάω εκεί με τα πόδια;** [boró na páo ekí me ta póðia?]
Can you show me on the map?	**Μπορείτε να μου δείξετε στο χάρτη;** [boríte na mu ðíksete sto xárti?]
Please give me something for ...	**Παρακαλώ δώστε μου κάτι για ...** [parakalʲó ðóste mu káti ʝa ...]
a headache	**πονοκέφαλο** [ponokéfalʲo]
a cough	**βήχα** [víxa]
a cold	**το κρυολόγημα** [to kriolʲóʝima]
the flu	**γρίπη** [grípi]
a fever	**πυρετό** [piretó]
a stomach ache	**πόνο στο στομάχι** [póno sto stomáxi]
nausea	**ναυτία** [naftía]
diarrhea	**διάρροια** [ðiária]
constipation	**δυσκοιλιότητα** [ðiskiliótita]
pain in the back	**πόνο στην πλάτη** [póno stin plʲáti]

chest pain	**πόνο στο στήθος** [póno sto stíθos]
side stitch	**πόνο στα πλευρά** [póno sta plevrá]
abdominal pain	**πόνο στην κοιλιά** [póno sten kiliá]

pill	**χάπι** [xápi]
ointment, cream	**αλοιφή, κρέμα** [alifí, kréma]
syrup	**σιρόπι** [sirópi]
spray	**σπρέι** [spréj]
drops	**σταγόνες** [staɣónes]

You need to go to the hospital.	**Πρέπει να πάτε στο νοσοκομείο.** [prépi na páte sto nosokomío]
health insurance	**ιατροφαρμακευτική κάλυψη** [jatrofarmakeftikí kálipsi]
prescription	**συνταγή** [sindají]
insect repellant	**εντομοαπωθητικό** [endomoapoθitikó]
Band Aid	**τσιρότο** [tsiróto]

The bare minimum

Excuse me, ...	**Συγνώμη, ...** [siɣnómi, ...]
Hello.	**Γεια σας.** [ʝa sas]
Thank you.	**Ευχαριστώ.** [efxaristó]
Good bye.	**Αντίο.** [adío]
Yes.	**Ναι.** [ne]
No.	**Όχι.** [óxi]
I don't know.	**Δεν ξέρω.** [ðen kséro]
Where? | Where to? | When?	**Πού; | Προς τα πού; | Πότε;** [pú? | pros ta pú? | póte?]

I need ...	**Χρειάζομαι ...** [xriázome ...]
I want ...	**Θέλω ...** [θélʲo ...]
Do you have ...?	**Έχετε ...;** [éxete ...?]
Is there a ... here?	**Μήπως υπάρχει ... εδώ;** [mípos ipárxi ... eðó?]
May I ...?	**Θα μπορούσα να ...;** [θa borúsa na ...?]
..., please (polite request)	**..., παρακαλώ** [..., parakalʲó]

I'm looking for ...	**Ψάχνω για ...** [psáxno ʝa ...]
the restroom	**τουαλέτα** [tualéta]
an ATM	**ATM** [eitiém]
a pharmacy (drugstore)	**φαρμακείο** [farmakío]
a hospital	**νοσοκομείο** [nosokomío]
the police station	**αστυνομικό τμήμα** [astinomikó tmíma]
the subway	**μετρό** [metró]

a taxi	**ταξί** [taksí]
the train station	**σιδηροδρομικό σταθμό** [siðiroðromikó staθmó]

My name is ...	**Ονομάζομαι ...** [onomázome ...]
What's your name?	**Πώς ονομάζεστε;** [pós onomázeste?]
Could you please help me?	**Μπορείτε παρακαλώ να με βοηθήσετε;** [boríte parakalʲó na me voiθísete?]
I've got a problem.	**Έχω ένα πρόβλημα.** [éxo éna próvlima]
I don't feel well.	**Δεν αισθάνομαι καλά.** [ðen esθánome kalʲá]
Call an ambulance!	**Καλέστε ένα ασθενοφόρο!** [kaléste éna asθenofóro!]
May I make a call?	**Θα μπορούσα να κάνω ένα τηλέφωνο;** [θa borúsa na káno éna tiléfono?]

I'm sorry.	**Συγνώμη.** [siɣnómi]
You're welcome.	**Παρακαλώ!** [parakalʲó!]

I, me	**Εγώ, εμένα** [eɣó, eména]
you (inform.)	**εσύ** [esí]
he	**αυτός** [aftós]
she	**αυτή** [aftí]
they (masc.)	**αυτοί** [aftí]
they (fem.)	**αυτές** [aftés]
we	**εμείς** [emís]
you (pl)	**εσείς** [esís]
you (sg, form.)	**εσείς** [esís]

ENTRANCE	**ΕΙΣΟΔΟΣ** [ísoðos]
EXIT	**ΕΞΟΔΟΣ** [éksoðos]

OUT OF ORDER	**ΕΚΤΟΣ ΛΕΙΤΟΥΡΓΙΑΣ** [éktos liturjías]
CLOSED	**ΚΛΕΙΣΤΟ** [klísto]
OPEN	**ΑΝΟΙΚΤΟ** [aníkto]
FOR WOMEN	**ΓΥΝΑΙΚΩΝ** [jinekón]
FOR MEN	**ΑΝΔΡΩΝ** [ánðron]

T&P BOOKS

TOPICAL VOCABULARY

This section contains more than 3,000 of the most important words.
The dictionary will provide invaluable assistance while traveling abroad, because frequently individual words are enough for you to be understood.
The dictionary includes a convenient transcription of each foreign word

T&P Books Publishing

VOCABULARY
CONTENTS

T&P Books Publishing

T&P BOOKS

BASIC CONCEPTS

T&P Books Publishing

1. Pronouns

I, me	**εγώ**	[eɣó]
you	**εσύ**	[esí]
he	**αυτός**	[aftós]
she	**αυτή**	[aftí]
it	**αυτό**	[aftó]
we	**εμείς**	[emís]
you (to a group)	**εσείς**	[esís]
they (masc.)	**αυτοί**	[aftí]
they (fem.)	**αυτές**	[aftés]

2. Greetings. Salutations

Hello! (fam.)	**Γεια σου!**	[ʝa su]
Hello! (form.)	**Γεια σας!**	[ʝa sas]
Good morning!	**Καλημέρα!**	[kaliméra]
Good afternoon!	**Καλό απόγευμα!**	[kalʲó apóʝevma]
Good evening!	**Καλησπέρα!**	[kalispéra]
to say hello	**χαιρετώ**	[xeretó]
Hi! (hello)	**Γεια!**	[ʝa]
greeting (n)	**χαιρετισμός** (αρ.)	[xeretizmós]
to greet (vt)	**χαιρετώ**	[xeretó]
How are you? (form.)	**Πώς είστε;**	[pós íste]
How are you? (fam.)	**Τι κάνεις;**	[ti kánis]
What's new?	**Τι νέα;**	[ti néa]
Goodbye!	**Γεια σας!**	[ʝa sas]
Bye!	**Γεια σου!**	[ʝa su]
See you soon!	**Τα λέμε σύντομα!**	[ta léme síndoma]
Farewell! (to a friend)	**Αντίο!**	[adío]
Farewell! (form.)	**Αντίο σας!**	[adío sas]
to say goodbye	**αποχαιρετώ**	[apoxeretó]
So long!	**Γεια!**	[ʝa]
Thank you!	**Ευχαριστώ!**	[efxaristó]
Thank you very much!	**Ευχαριστώ πολύ!**	[efxaristó polí]
You're welcome	**Παρακαλώ**	[parakalʲó]
Don't mention it!	**Δεν είναι τίποτα**	[ðen íne típota]
It was nothing	**Τίποτα**	[típota]
Excuse me! (fam.)	**Με συγχωρείς!**	[me sinxorís]

Excuse me! (form.)	**Με συγχωρείτε!**	[me sinxoríte]
to excuse (forgive)	**συγχωρώ**	[sinxoró]
to apologize (vi)	**ζητώ συγνώμη**	[zitó siɣnómi]
My apologies	**Συγνώμη**	[siɣnómi]
I'm sorry!	**Με συγχωρείτε!**	[me sinxoríte]
to forgive (vt)	**συγχωρώ**	[sinxoró]
It's okay! (that's all right)	**Τίποτα!**	[típota]
please (adv)	**παρακαλώ**	[parakalʲó]
Don't forget!	**Μην ξεχάσετε!**	[min ksexásete]
Certainly!	**Βεβαίως! Φυσικά!**	[vevéos], [fisiká]
Of course not!	**Όχι βέβαια!**	[óxi vévea]
Okay! (I agree)	**Συμφωνώ!**	[simfonó]
That's enough!	**Αρκετά!**	[arketá]

3. Questions

Who?	**Ποιος;**	[pios]
What?	**Τι;**	[ti]
Where? (at, in)	**Πού;**	[pú]
Where (to)?	**Πού;**	[pú]
From where?	**Από πού;**	[apó pú]
When?	**Πότε;**	[póte]
Why? (What for?)	**Γιατί;**	[ʝatí]
Why? (~ are you crying?)	**Γιατί;**	[ʝatí]
What for?	**Γιατί;**	[ʝatí]
How? (in what way)	**Πώς;**	[pos]
What? (What kind of ...?)	**Ποιος;**	[pios]
Which?	**Ποιος;**	[pios]
To whom?	**Σε ποιον;**	[se pion]
About whom?	**Για ποιον;**	[ʝa pion]
About what?	**Για ποιο;**	[ʝa pio]
With whom?	**Με ποιον;**	[me pion]
How many?	**Πόσα;**	[pósa]
How much?	**Πόσο;**	[póso]
How many? How much?	**Πόσα; Πόσο;**	[pósa], [póso]
Whose?	**Ποιανού;**	[pianú]

4. Prepositions

with (accompanied by)	**με**	[me]
without	**χωρίς**	[xorís]
to (indicating direction)	**σε**	[se]
about (talking ~ ...)	**για**	[ʝa]

before (in time)	πριν	[prin]
in front of ...	μπροστά	[brostá]

under (beneath, below)	κάτω από	[káto apó]
above (over)	πάνω από	[páno apó]
on (atop)	σε	[se]
from (off, out of)	από	[apó]
of (made from)	από	[apó]

in (e.g., ~ ten minutes)	σε ...	[se ...]
over (across the top of)	πάνω από	[páno apó]

5. Function words. Adverbs. Part 1

Where? (at, in)	Πού;	[pú]
here (adv)	εδώ	[eðó]
there (adv)	εκεί	[ekí]

somewhere (to be)	κάπου	[kápu]
nowhere (not in any place)	πουθενά	[puθená]

by (near, beside)	δίπλα	[ðíplʲa]
by the window	δίπλα στο παράθυρο	[ðíplʲa sto paráθiro]

Where (to)?	Πού;	[pú]
here (e.g., come ~!)	εδώ	[eðó]
there (e.g., to go ~)	εκεί	[ekí]
from here (adv)	αποδώ	[apoðó]
from there (adv)	αποκεί	[apokí]

close (adv)	κοντά	[kondá]
far (adv)	μακριά	[makriá]

near (e.g., ~ Paris)	κοντά σε	[kondá se]
nearby (adv)	κοντά	[kondá]
not far (adv)	κοντά	[kondá]

left (adj)	αριστερός	[aristerós]
on the left	στα αριστερά	[sta aristerá]
to the left	αριστερά	[aristerá]

right (adj)	δεξιός	[ðeksiós]
on the right	στα δεξιά	[sta ðeksiá]
to the right	δεξιά	[ðeksiá]

in front (adv)	μπροστά	[brostá]
front (as adj)	μπροστινός	[brostinós]
ahead (the kids ran ~)	μπροστά	[brostá]
behind (adv)	πίσω	[píso]
from behind	από πίσω	[apó píso]

back (towards the rear)	**πίσω**	[píso]
middle	**μέση** (θηλ.)	[mési]
in the middle	**στη μέση**	[sti mési]
at the side	**από το πλάι**	[apó to pl'áj]
everywhere (adv)	**παντού**	[pandú]
around (in all directions)	**γύρω**	[jíro]
from inside	**από μέσα**	[apó mésa]
somewhere (to go)	**κάπου**	[kápu]
straight (directly)	**κατ'ευθείαν**	[katefθían]
back (e.g., come ~)	**πίσω**	[píso]
from anywhere	**από οπουδήποτε**	[apó opuðípote]
from somewhere	**από κάπου**	[apó kápu]
firstly (adv)	**πρώτον**	[próton]
secondly (adv)	**δεύτερον**	[ðéfteron]
thirdly (adv)	**τρίτον**	[tríton]
suddenly (adv)	**ξαφνικά**	[ksafniká]
at first (in the beginning)	**στην αρχή**	[stin arxí]
for the first time	**πρώτη φορά**	[próti forá]
long before ...	**πολύ πριν από ...**	[polí prin apó]
anew (over again)	**εκ νέου**	[ek néu]
for good (adv)	**για πάντα**	[ja pánda]
never (adv)	**ποτέ**	[poté]
again (adv)	**πάλι**	[páli]
now (at present)	**τώρα**	[tóra]
often (adv)	**συχνά**	[sixná]
then (adv)	**τότε**	[tóte]
urgently (quickly)	**επειγόντως**	[epiɣóndos]
usually (adv)	**συνήθως**	[siníθos]
by the way, ...	**παρεμπιπτόντως, ...**	[parembiptóndos]
possibly	**πιθανόν**	[piθanón]
probably (adv)	**πιθανόν**	[piθanón]
maybe (adv)	**ίσως**	[ísos]
besides ...	**εξάλλου ...**	[eksál'u]
that's why ...	**συνεπώς**	[sinepós]
in spite of ...	**παρόλο που ...**	[paról'o pu]
thanks to ...	**χάρη σε ...**	[xári se]
what (pron.)	**τι**	[ti]
that (conj.)	**ότι**	[óti]
something	**κάτι**	[káti]
anything (something)	**οτιδήποτε**	[otiðípote]
nothing	**τίποτα**	[típota]
who (pron.)	**ποιος**	[pios]
someone	**κάποιος**	[kápios]

somebody	**κάποιος**	[kápios]
nobody	**κανένας**	[kanénas]
nowhere (a voyage to ~)	**πουθενά**	[puθená]
nobody's	**κανενός**	[kanenós]
somebody's	**κάποιου**	[kápiu]

so (I'm ~ glad)	**έτσι**	[étsi]
also (as well)	**επίσης**	[epísis]
too (as well)	**επίσης**	[epísis]

6. Function words. Adverbs. Part 2

Why?	**Γιατί;**	[ʝatí]
for some reason	**για κάποιο λόγο**	[ʝa kápio lʲóɣo]
because ...	**διότι ...**	[ðióti]
for some purpose	**για κάποιο λόγο**	[ʝa kápio lʲóɣo]

and	**και**	[ke]
or	**ή**	[i]
but	**μα**	[ma]
for (e.g., ~ me)	**για**	[ʝa]

too (~ many people)	**πάρα**	[pára]
only (exclusively)	**μόνο**	[móno]
exactly (adv)	**ακριβώς**	[akrivós]
about (more or less)	**περίπου**	[perípu]

approximately (adv)	**κατά προσέγγιση**	[katá proséngisi]
approximate (adj)	**προσεγγιστικός**	[prosengistikós]
almost (adv)	**σχεδόν**	[sxeðón]
the rest	**υπόλοιπο** (ουδ.)	[ipólipo]

the other (second)	**άλλος**	[álʲos]
other (different)	**άλλος**	[álʲos]
each (adj)	**κάθε**	[káθe]
any (no matter which)	**οποιοσδήποτε**	[opiozðípote]
many (adj)	**πολλοί, πολλές, πολλά**	[polí], [polés], [polʲá]
much (adv)	**πολύς**	[polís]
many people	**πολλοί**	[polí]
all (everyone)	**όλοι**	[óli]

in return for ...	**... σε αντάλλαγμα**	[se andálʲaɣma]
in exchange (adv)	**σε αντάλλαγμα**	[se andálʲaɣma]
by hand (made)	**με το χέρι**	[me to xéri]
hardly (negative opinion)	**δύσκολα**	[ðískolʲa]

probably (adv)	**πιθανόν**	[piθanón]
on purpose (intentionally)	**επίτηδες**	[epítiðes]
by accident (adv)	**κατά λάθος**	[katá lʲáθos]
very (adv)	**πολύ**	[polí]

for example (adv)	**για παράδειγμα**	[ja paráðiɣma]
between	**μεταξύ**	[metaksí]
among	**ανάμεσα**	[anámesa]
so much (such a lot)	**τόσο πολύ**	[tóso polí]
especially (adv)	**ιδιαίτερα**	[iðiétera]

T&P BOOKS

NUMBERS.
MISCELLANEOUS

T&P Books Publishing

7. Cardinal numbers. Part 1

0 zero	**μηδέν**	[miðén]
1 one	**ένα**	[éna]
2 two	**δύο**	[ðío]
3 three	**τρία**	[tría]
4 four	**τέσσερα**	[tésera]
5 five	**πέντε**	[pénde]
6 six	**έξι**	[éksi]
7 seven	**εφτά**	[eftá]
8 eight	**οχτώ**	[oxtó]
9 nine	**εννέα**	[enéa]
10 ten	**δέκα**	[ðéka]
11 eleven	**ένδεκα**	[énðeka]
12 twelve	**δώδεκα**	[ðóðeka]
13 thirteen	**δεκατρία**	[ðekatría]
14 fourteen	**δεκατέσσερα**	[ðekatésera]
15 fifteen	**δεκαπέντε**	[ðekapénde]
16 sixteen	**δεκαέξι**	[ðekaéksi]
17 seventeen	**δεκαεφτά**	[ðekaeftá]
18 eighteen	**δεκαοχτώ**	[ðekaoxtó]
19 nineteen	**δεκαεννέα**	[ðekaenéa]
20 twenty	**είκοσι**	[íkosi]
21 twenty-one	**είκοσι ένα**	[íkosi éna]
22 twenty-two	**είκοσι δύο**	[ikosi ðío]
23 twenty-three	**είκοσι τρία**	[ikosi tría]
30 thirty	**τριάντα**	[triánda]
31 thirty-one	**τριάντα ένα**	[triánda éna]
32 thirty-two	**τριάντα δύο**	[triánda ðío]
33 thirty-three	**τριάντα τρία**	[triánda tría]
40 forty	**σαράντα**	[saránda]
41 forty-one	**σαράντα ένα**	[saránda éna]
42 forty-two	**σαράντα δύο**	[saránda ðío]
43 forty-three	**σαράντα τρία**	[saránda tría]
50 fifty	**πενήντα**	[penínda]
51 fifty-one	**πενήντα ένα**	[penínda éna]
52 fifty-two	**πενήντα δύο**	[penínda ðío]
53 fifty-three	**πενήντα τρία**	[penínda tría]
60 sixty	**εξήντα**	[eksínda]

61 sixty-one	**εξήντα ένα**	[eksínda éna]
62 sixty-two	**εξήντα δύο**	[eksínda ðío]
63 sixty-three	**εξήντα τρία**	[eksínda tría]
70 seventy	**εβδομήντα**	[evðomínda]
71 seventy-one	**εβδομήντα ένα**	[evðomínda éna]
72 seventy-two	**εβδομήντα δύο**	[evðomínda ðío]
73 seventy-three	**εβδομήντα τρία**	[evðomínda tría]
80 eighty	**ογδόντα**	[oɣðónda]
81 eighty-one	**ογδόντα ένα**	[oɣðónda éna]
82 eighty-two	**ογδόντα δύο**	[oɣðónda ðío]
83 eighty-three	**ογδόντα τρία**	[oɣðónda tría]
90 ninety	**ενενήντα**	[enenínda]
91 ninety-one	**ενενήντα ένα**	[enenínda éna]
92 ninety-two	**ενενήντα δύο**	[enenínda ðío]
93 ninety-three	**ενενήντα τρία**	[enenínda tría]

8. Cardinal numbers. Part 2

100 one hundred	**εκατό**	[ekató]
200 two hundred	**διακόσια**	[ðiakósia]
300 three hundred	**τριακόσια**	[triakósia]
400 four hundred	**τετρακόσια**	[tetrakósia]
500 five hundred	**πεντακόσια**	[pendakósia]
600 six hundred	**εξακόσια**	[eksakósia]
700 seven hundred	**εφτακόσια**	[eftakósia]
800 eight hundred	**οχτακόσια**	[oxtakósia]
900 nine hundred	**εννιακόσια**	[eniakósia]
1000 one thousand	**χίλια**	[xília]
2000 two thousand	**δύο χιλιάδες**	[ðío xiliáðes]
3000 three thousand	**τρεις χιλιάδες**	[tris xiliáðes]
10000 ten thousand	**δέκα χιλιάδες**	[ðéka xiliáðes]
one hundred thousand	**εκατό χιλιάδες**	[ekató xiliáðes]
million	**εκατομμύριο** (ουδ.)	[ekatomírio]
billion	**δισεκατομμύριο** (ουδ.)	[ðisekatomírio]

9. Ordinal numbers

first (adj)	**πρώτος**	[prótos]
second (adj)	**δεύτερος**	[ðéfteros]
third (adj)	**τρίτος**	[trítos]
fourth (adj)	**τέταρτος**	[tétartos]
fifth (adj)	**πέμπτος**	[pémptos]
sixth (adj)	**έκτος**	[éktos]

seventh (adj)	**έβδομος**	[évðomos]
eighth (adj)	**όγδοος**	[óɣðoos]
ninth (adj)	**ένατος**	[énatos]
tenth (adj)	**δέκατος**	[ðékatos]

COLOURS. UNITS OF MEASUREMENT

T&P Books Publishing

10. Colors

color	**χρώμα** (ουδ.)	[xróma]
shade (tint)	**απόχρωση** (θηλ.)	[apóxrosi]
hue	**τόνος** (αρ.)	[tónos]
rainbow	**ουράνιο τόξο** (ουδ.)	[uránio tókso]
white (adj)	**λευκός, άσπρος**	[lefkós], [áspros]
black (adj)	**μαύρος**	[mávros]
gray (adj)	**γκρίζος**	[grízos]
green (adj)	**πράσινος**	[prásinos]
yellow (adj)	**κίτρινος**	[kítrinos]
red (adj)	**κόκκινος**	[kókinos]
blue (adj)	**μπλε**	[ble]
light blue (adj)	**γαλανός**	[ɣalʲanós]
pink (adj)	**ροζ**	[roz]
orange (adj)	**πορτοκαλί**	[portokalí]
violet (adj)	**βιολετί**	[violetí]
brown (adj)	**καφετής**	[kafetís]
golden (adj)	**χρυσός**	[xrisós]
silvery (adj)	**αργυρόχροος**	[arɣiróxroos]
beige (adj)	**μπεζ**	[bez]
cream (adj)	**κρεμ**	[krem]
turquoise (adj)	**τιρκουάζ, τουρκουάζ**	[tirkuáz], [turkuáz]
cherry red (adj)	**βυσσινής**	[visinís]
lilac (adj)	**λιλά, λουλακής**	[lilʲá], [lʲulʲakís]
crimson (adj)	**βαθυκόκκινος**	[vaθikókinos]
light (adj)	**ανοιχτός**	[anixtós]
dark (adj)	**σκούρος**	[skúros]
bright, vivid (adj)	**έντονος**	[édonos]
colored (pencils)	**έγχρωμος**	[énxromos]
color (e.g., ~ film)	**έγχρωμος**	[énxromos]
black-and-white (adj)	**ασπρόμαυρος**	[asprómavros]
plain (one-colored)	**μονόχρωμος**	[monóxromos]
multicolored (adj)	**πολύχρωμος**	[políxromos]

11. Units of measurement

weight	**βάρος** (ουδ.)	[város]
length	**μάκρος** (ουδ.)	[mákros]

width	**πλάτος** (ουδ.)	[plʲátos]
height	**ύψος** (ουδ.)	[ípsos]
depth	**βάθος** (ουδ.)	[váθos]
volume	**όγκος** (αρ.)	[óngos]
area	**εμβαδόν** (ουδ.)	[emvaðón]
gram	**γραμμάριο** (ουδ.)	[ɣramário]
milligram	**χιλιοστόγραμμο** (ουδ.)	[xiliostóɣramo]
kilogram	**κιλό** (ουδ.)	[kilʲó]
ton	**τόνος** (αρ.)	[tónos]
pound	**λίβρα** (θηλ.)	[lívra]
ounce	**ουγγιά** (θηλ.)	[ungiá]
meter	**μέτρο** (ουδ.)	[métro]
millimeter	**χιλιοστό** (ουδ.)	[xiliostó]
centimeter	**εκατοστό** (ουδ.)	[ekatostó]
kilometer	**χιλιόμετρο** (ουδ.)	[xiliómetro]
mile	**μίλι** (ουδ.)	[míli]
inch	**ίντσα** (θηλ.)	[íntsa]
foot	**πόδι** (ουδ.)	[póði]
yard	**γιάρδα** (θηλ.)	[ja̯rða]
square meter	**τετραγωνικό μέτρο** (ουδ.)	[tetraɣonikó métro]
hectare	**εκτάριο** (ουδ.)	[ektário]
liter	**λίτρο** (ουδ.)	[lítro]
degree	**βαθμός** (αρ.)	[vaθmós]
volt	**βολτ** (ουδ.)	[volʲt]
ampere	**αμπέρ** (ουδ.)	[ambér]
horsepower	**ιπποδύναμη** (θηλ.)	[ipoðínami]
quantity	**ποσότητα** (θηλ.)	[posótita]
a little bit of ...	**λίγος ...**	[líɣos]
half	**μισό** (ουδ.)	[misó]
dozen	**δωδεκάδα** (θηλ.)	[ðoðekáða]
piece (item)	**τεμάχιο** (ουδ.)	[temáxio]
size	**μέγεθος** (ουδ.)	[méje̯θos]
scale (map ~)	**κλίμακα** (θηλ.)	[klímaka]
minimal (adj)	**ελάχιστος**	[elʲáxistos]
the smallest (adj)	**μικρότερος**	[mikróteros]
medium (adj)	**μεσαίος**	[meséos]
maximal (adj)	**μέγιστος**	[méj̯istos]
the largest (adj)	**μεγαλύτερος**	[meɣalíteros]

12. Containers

canning jar (glass ~)	**βάζο** (ουδ.)	[vázo]
can	**κουτί** (ουδ.)	[kutí]

bucket	**κουβάς** (αρ.)	[kuvás]
barrel	**βαρέλι** (ουδ.)	[varéli]
wash basin (e.g., plastic ~)	**λεκάνη** (θηλ.)	[lekáni]
tank (100L water ~)	**δεξαμενή** (θηλ.)	[ðeksamení]
hip flask	**φλασκί** (ουδ.)	[flʲaskí]
jerrycan	**κάνιστρο** (ουδ.)	[kánistro]
tank (e.g., tank car)	**δεξαμενή** (θηλ.)	[ðeksamení]
mug	**κούπα** (θηλ.)	[kúpa]
cup (of coffee, etc.)	**φλιτζάνι** (ουδ.)	[flidzáni]
saucer	**πιατάκι** (ουδ.)	[piatáki]
glass (tumbler)	**ποτήρι** (ουδ.)	[potíri]
wine glass	**κρασοπότηρο** (ουδ.)	[krasopótiro]
stock pot (soup pot)	**κατσαρόλα** (θηλ.)	[katsarólʲa]
bottle (~ of wine)	**μπουκάλι** (ουδ.)	[bukáli]
neck (of the bottle, etc.)	**λαιμός** (αρ.)	[lemós]
carafe (decanter)	**καράφα** (θηλ.)	[karáfa]
pitcher	**κανάτα** (θηλ.)	[kanáta]
vessel (container)	**δοχείο** (ουδ.)	[ðoxío]
pot (crock, stoneware ~)	**πήλινο** (ουδ.)	[pílino]
vase	**βάζο** (ουδ.)	[vázo]
flacon, bottle (perfume ~)	**μπουκαλάκι** (ουδ.)	[bukalʲáki]
vial, small bottle	**φιαλίδιο** (ουδ.)	[fialíðio]
tube (of toothpaste)	**σωληνάριο** (ουδ.)	[solinário]
sack (bag)	**σακί, τσουβάλι** (ουδ.)	[sakí], [tsuváli]
bag (paper ~, plastic ~)	**σακούλα** (θηλ.)	[sakúlʲa]
pack (of cigarettes, etc.)	**πακέτο** (ουδ.)	[pakéto]
box (e.g., shoebox)	**κουτί** (ουδ.)	[kutí]
crate	**κιβώτιο** (ουδ.)	[kivótio]
basket	**καλάθι** (ουδ.)	[kalʲáθi]

MAIN VERBS

T&P Books Publishing

13. The most important verbs. Part 1

to advise (vt)	συμβουλεύω	[simvulévo]
to agree (say yes)	συμφωνώ	[simfonó]
to answer (vi, vt)	απαντώ	[apandó]
to apologize (vi)	ζητώ συγνώμη	[zitó siɣnómi]
to arrive (vi)	έρχομαι	[érxome]

to ask (~ oneself)	ρωτάω	[rotáo]
to ask (~ sb to do sth)	ζητώ	[zitó]
to be (vi)	είμαι	[íme]

to be afraid	φοβάμαι	[fováme]
to be hungry	πεινάω	[pináo]
to be interested in …	ενδιαφέρομαι	[enðiaférome]
to be needed	χρειάζομαι	[xriázome]
to be surprised	εκπλήσσομαι	[ekplísome]

to be thirsty	διψάω	[ðipsáo]
to begin (vt)	αρχίζω	[arxízo]
to belong to …	ανήκω σε …	[aníko se]

to boast (vi)	καυχιέμαι	[kafxiéme]
to break (split into pieces)	σπάω	[spáo]

to call (~ for help)	καλώ	[kalʲó]
can (v aux)	μπορώ	[boró]
to catch (vt)	πιάνω	[piáno]

to change (vt)	αλλάζω	[alʲázo]
to choose (select)	επιλέγω	[epiléɣo]

to come down (the stairs)	κατεβαίνω	[katevéno]
to compare (vt)	συγκρίνω	[singríno]
to complain (vi, vt)	παραπονιέμαι	[paraponiéme]
to confuse (mix up)	μπερδεύω	[berðévo]

to continue (vt)	συνεχίζω	[sinexízo]
to control (vt)	ελέγχω	[elénxo]

to cook (dinner)	μαγειρεύω	[majirévo]
to cost (vt)	κοστίζω	[kostízo]
to count (add up)	υπολογίζω	[ipolʲojízo]
to count on …	υπολογίζω σε …	[ipolʲojízo se]
to create (vt)	δημιουργώ	[ðimiurɣó]
to cry (weep)	κλαίω	[kléo]

14. The most important verbs. Part 2

to deceive (vi, vt)	**εξαπατώ**	[eksapató]
to decorate (tree, street)	**στολίζω**	[stolízo]
to defend (a country, etc.)	**υπερασπίζω**	[iperaspízo]
to demand (request firmly)	**απαιτώ**	[apetó]
to dig (vt)	**σκάβω**	[skávo]
to discuss (vt)	**συζητώ**	[sizitó]
to do (vt)	**κάνω**	[káno]
to doubt (have doubts)	**αμφιβάλλω**	[amfiváľo]
to drop (let fall)	**ρίχνω**	[ríxno]
to enter (room, house, etc.)	**μπαίνω**	[béno]
to excuse (forgive)	**συγχωρώ**	[sinxoró]
to exist (vi)	**υπάρχω**	[ipárxo]
to expect (foresee)	**προβλέπω**	[provlépo]
to explain (vt)	**εξηγώ**	[eksiɣó]
to fall (vi)	**πέφτω**	[péfto]
to find (vt)	**βρίσκω**	[vrísko]
to finish (vt)	**τελειώνω**	[telióno]
to fly (vi)	**πετάω**	[petáo]
to follow ... (come after)	**ακολουθώ**	[akoľuθó]
to forget (vi, vt)	**ξεχνάω**	[ksexnáo]
to forgive (vt)	**συγχωρώ**	[sinxoró]
to give (vt)	**δίνω**	[ðíno]
to give a hint	**υπαινίσσομαι**	[ipenísome]
to go (on foot)	**πηγαίνω**	[pij̯éno]
to go for a swim	**κάνω μπάνιο**	[káno bánio]
to go out (for dinner, etc.)	**βγαίνω**	[vj̯éno]
to guess (the answer)	**μαντεύω**	[mandévo]
to have (vt)	**έχω**	[éxo]
to have breakfast	**παίρνω πρωινό**	[pérno proinó]
to have dinner	**τρώω βραδινό**	[tróo vraðinó]
to have lunch	**τρώω μεσημεριανό**	[tróo mesimerianó]
to hear (vt)	**ακούω**	[akúo]
to help (vt)	**βοηθώ**	[voiθó]
to hide (vt)	**κρύβω**	[krívo]
to hope (vi, vt)	**ελπίζω**	[eľpízo]
to hunt (vi, vt)	**κυνηγώ**	[kiniɣó]
to hurry (vi)	**βιάζομαι**	[viázome]

15. The most important verbs. Part 3

to inform (vt)	**πληροφορώ**	[pliroforó]
to insist (vi, vt)	**επιμένω**	[epiméno]
to insult (vt)	**προσβάλλω**	[prozvál'o]
to invite (vt)	**προσκαλώ**	[proskal'ó]
to joke (vi)	**αστειεύομαι**	[astiévome]
to keep (vt)	**διατηρώ**	[ðiatiró]
to keep silent, to hush	**σιωπώ**	[siopó]
to kill (vt)	**σκοτώνω**	[skotóno]
to know (sb)	**γνωρίζω**	[ɣnorízo]
to know (sth)	**ξέρω**	[kséro]
to laugh (vi)	**γελάω**	[jel'áo]
to liberate (city, etc.)	**απελευθερώνω**	[apelefθeróno]
to like (I like ...)	**μου αρέσει**	[mu arési]
to look for ... (search)	**ψάχνω**	[psáxno]
to love (sb)	**αγαπάω**	[aɣapáo]
to make a mistake	**κάνω λάθος**	[káno l'áθos]
to manage, to run	**διευθύνω**	[ðiefθíno]
to mean (signify)	**σημαίνω**	[siméno]
to mention (talk about)	**αναφέρω**	[anaféro]
to miss (school, etc.)	**απουσιάζω**	[apusiázo]
to notice (see)	**παρατηρώ**	[paratiró]
to object (vi, vt)	**αντιλέγω**	[andiléɣo]
to observe (see)	**παρατηρώ**	[paratiró]
to open (vt)	**ανοίγω**	[aníɣo]
to order (meal, etc.)	**παραγγέλνω**	[parangél'no]
to order (mil.)	**διατάζω**	[ðiatázo]
to own (possess)	**κατέχω**	[katéxo]
to participate (vi)	**συμμετέχω**	[simetéxo]
to pay (vi, vt)	**πληρώνω**	[pliróno]
to permit (vt)	**επιτρέπω**	[epitrépo]
to plan (vt)	**σχεδιάζω**	[sxeðiázo]
to play (children)	**παίζω**	[pézo]
to pray (vi, vt)	**προσεύχομαι**	[proséfxome]
to prefer (vt)	**προτιμώ**	[protimó]
to promise (vt)	**υπόσχομαι**	[ipósxome]
to pronounce (vt)	**προφέρω**	[proféro]
to propose (vt)	**προτείνω**	[protíno]
to punish (vt)	**τιμωρώ**	[timoró]

16. The most important verbs. Part 4

to read (vi, vt)	**διαβάζω**	[ðiavázo]
to recommend (vt)	**προτείνω**	[protíno]

to refuse (vi, vt)	**αρνούμαι**	[arnúme]
to regret (be sorry)	**λυπάμαι**	[lipáme]
to rent (sth from sb)	**νοικιάζω**	[nikiázo]
to repeat (say again)	**επαναλαμβάνω**	[epanalʲamváno]
to reserve, to book	**κλείνω**	[klíno]
to run (vi)	**τρέχω**	[tréxo]
to save (rescue)	**σώζω**	[sózo]
to say (~ thank you)	**λέω**	[léo]
to scold (vt)	**μαλώνω**	[malʲóno]
to see (vt)	**βλέπω**	[vlépo]
to sell (vt)	**πουλώ**	[pulʲó]
to send (vt)	**στέλνω**	[stélʲno]
to shoot (vi)	**πυροβολώ**	[pirovolʲó]
to shout (vi)	**φωνάζω**	[fonázo]
to show (vt)	**δείχνω**	[ðíxno]
to sign (document)	**υπογράφω**	[ipoɣráfo]
to sit down (vi)	**κάθομαι**	[káθome]
to smile (vi)	**χαμογελάω**	[xamoʝelʲáo]
to speak (vi, vt)	**μιλάω**	[milʲáo]
to steal (money, etc.)	**κλέβω**	[klévo]
to stop (for pause, etc.)	**σταματάω**	[stamatáo]
to stop (please ~ calling me)	**σταματώ**	[stamató]
to study (vt)	**μελετάω**	[meletáo]
to swim (vi)	**κολυμπώ**	[kolibó]
to take (vt)	**παίρνω**	[pérno]
to think (vi, vt)	**σκέφτομαι**	[skéftome]
to threaten (vt)	**απειλώ**	[apilʲó]
to touch (with hands)	**αγγίζω**	[angízo]
to translate (vt)	**μεταφράζω**	[metafrázo]
to trust (vt)	**εμπιστεύομαι**	[embistévome]
to try (attempt)	**προσπαθώ**	[prospaθó]
to turn (e.g., ~ left)	**στρίβω**	[strívo]
to underestimate (vt)	**υποτιμώ**	[ipotimó]
to understand (vt)	**καταλαβαίνω**	[katalʲavéno]
to unite (vt)	**ενώνω**	[enóno]
to wait (vt)	**περιμένω**	[periméno]
to want (wish, desire)	**θέλω**	[θélʲo]
to warn (vt)	**προειδοποιώ**	[proiðopió]
to work (vi)	**δουλεύω**	[ðulévo]
to write (vt)	**γράφω**	[ɣráfo]
to write down	**σημειώνω**	[simióno]

TIME. CALENDAR

T&P Books Publishing

17. Weekdays

Monday	**Δευτέρα** (θηλ.)	[ðeftéra]
Tuesday	**Τρίτη** (θηλ.)	[tríti]
Wednesday	**Τετάρτη** (θηλ.)	[tetárti]
Thursday	**Πέμπτη** (θηλ.)	[pémpti]
Friday	**Παρασκευή** (θηλ.)	[paraskeví]
Saturday	**Σάββατο** (ουδ.)	[sávato]
Sunday	**Κυριακή** (θηλ.)	[kiriakí]
today (adv)	**σήμερα**	[símera]
tomorrow (adv)	**αύριο**	[ávrio]
the day after tomorrow	**μεθαύριο**	[meθávrio]
yesterday (adv)	**χθες, χτες**	[xθes], [xtes]
the day before yesterday	**προχτές**	[proxtés]
day	**μέρα, ημέρα** (θηλ.)	[méra], [iméra]
working day	**εργάσιμη μέρα** (θηλ.)	[erɣásimi méra]
public holiday	**αργία** (θηλ.)	[arʝía]
day off	**ρεπό** (ουδ.)	[repó]
weekend	**σαββατοκύριακο** (ουδ.)	[savatokíriako]
all day long	**όλη μέρα**	[óli méra]
the next day (adv)	**την επόμενη μέρα**	[tinepómeni méra]
two days ago	**δύο μέρες πριν**	[ðío méres prin]
the day before	**την παραμονή**	[tin paramoní]
daily (adj)	**καθημερινός**	[kaθimerinós]
every day (adv)	**καθημερινά**	[kaθimeriná]
week	**εβδομάδα** (θηλ.)	[evðomáða]
last week (adv)	**την προηγούμενη εβδομάδα**	[tin proiɣúmeni evðomáda]
next week (adv)	**την επόμενη εβδομάδα**	[tin epómeni evðomáda]
weekly (adj)	**εβδομαδιαίος**	[evðomaðiéos]
every week (adv)	**εβδομαδιαία**	[evðomaðiéa]
twice a week	**δύο φορές την εβδομάδα**	[dío forés tinevðomáda]
every Tuesday	**κάθε Τρίτη**	[káθe tríti]

18. Hours. Day and night

morning	**πρωί** (ουδ.)	[proí]
in the morning	**το πρωί**	[to proí]
noon, midday	**μεσημέρι**	[mesiméri]
in the afternoon	**το απόγευμα**	[to apóʝevma]

evening	**βράδυ** (ουδ.)	[vráði]
in the evening	**το βράδυ**	[to vráði]
night	**νύχτα** (θηλ.)	[níxta]
at night	**τη νύχτα**	[ti níxta]
midnight	**μεσάνυχτα** (ουδ.πλ.)	[mesánixta]
second	**δευτερόλεπτο** (ουδ.)	[ðefterólepto]
minute	**λεπτό** (ουδ.)	[leptó]
hour	**ώρα** (θηλ.)	[óra]
half an hour	**μισή ώρα** (θηλ.)	[misí óra]
a quarter-hour	**τέταρτο** (ουδ.)	[tétarto]
fifteen minutes	**δεκαπέντε λεπτά**	[ðekapénde leptá]
24 hours	**εικοσιτετράωρο** (ουδ.)	[ikositetráoro]
sunrise	**ανατολή** (θηλ.)	[anatolí]
dawn	**ξημέρωμα** (ουδ.)	[ksiméroma]
early morning	**νωρίς το πρωί** (ουδ.)	[norís to proí]
sunset	**ηλιοβασίλεμα** (ουδ.)	[iliovasílema]
early in the morning	**νωρίς το πρωί**	[norís to proí]
this morning	**σήμερα το πρωί**	[símera to proí]
tomorrow morning	**αύριο το πρωί**	[ávrio to proí]
this afternoon	**σήμερα το απόγευμα**	[símera to apójevma]
in the afternoon	**το απόγευμα**	[to apójevma]
tomorrow afternoon	**αύριο το απόγευμα**	[ávrio to apójevma]
tonight (this evening)	**απόψε**	[apópse]
tomorrow night	**αύριο το βράδυ**	[ávrio to vráði]
at 3 o'clock sharp	**στις τρεις ακριβώς**	[stis tris akrivós]
about 4 o'clock	**στις τέσσερις περίπου**	[stis téseris perípu]
by 12 o'clock	**μέχρι τις δώδεκα**	[méxri tis ðóðeka]
in 20 minutes	**σε είκοσι λεπτά**	[se íkosi leptá]
in an hour	**σε μια ώρα**	[se mia óra]
on time (adv)	**έγκαιρα**	[éngera]
a quarter to ...	**παρά τέταρτο**	[pará tétarto]
within an hour	**μέσα σε μια ώρα**	[mésa se mia óra]
every 15 minutes	**κάθε δεκαπέντε λεπτά**	[káθe ðekapénde leptá]
round the clock	**όλο το εικοσιτετράωρο**	[ólʲo to ikositetráoro]

19. Months. Seasons

January	**Ιανουάριος** (αρ.)	[januários]
February	**Φεβρουάριος** (αρ.)	[fevruários]
March	**Μάρτιος** (αρ.)	[mártios]
April	**Απρίλιος** (αρ.)	[aprílios]

May	**Μάιος** (αρ.)	[májos]
June	**Ιούνιος** (αρ.)	[iúnios]
July	**Ιούλιος** (αρ.)	[iúlios]
August	**Αύγουστος** (αρ.)	[ávɣustos]
September	**Σεπτέμβριος** (αρ.)	[septémvrios]
October	**Οκτώβριος** (αρ.)	[októvrios]
November	**Νοέμβριος** (αρ.)	[noémvrios]
December	**Δεκέμβριος** (αρ.)	[ðekémvrios]
spring	**άνοιξη** (θηλ.)	[ániksi]
in spring	**την άνοιξη**	[tin ániksi]
spring (as adj)	**ανοιξιάτικος**	[aniksiátikos]
summer	**καλοκαίρι** (ουδ.)	[kalʲokéri]
in summer	**το καλοκαίρι**	[to kalʲokéri]
summer (as adj)	**καλοκαιρινός**	[kalʲokerinós]
fall	**φθινόπωρο** (ουδ.)	[fθinóporo]
in fall	**το φθινόπωρο**	[to fθinóporo]
fall (as adj)	**φθινοπωρινός**	[fθinoporinós]
winter	**χειμώνας** (αρ.)	[ximónas]
in winter	**το χειμώνα**	[to ximóna]
winter (as adj)	**χειμωνιάτικος**	[ximoniátikos]
month	**μήνας** (αρ.)	[mínas]
this month	**αυτόν το μήνα**	[aftón to mína]
next month	**τον επόμενο μήνα**	[ton epómeno mína]
last month	**τον προηγούμενο μήνα**	[ton proiɣúmeno mína]
a month ago	**ένα μήνα πριν**	[éna mína prin]
in a month (a month later)	**σε ένα μήνα**	[se éna mína]
in 2 months (2 months later)	**σε δύο μήνες**	[se ðío mínes]
the whole month	**ολόκληρος μήνας**	[olʲókliros mínas]
all month long	**ολόκληρος ο μήνας**	[olʲókliros o mínas]
monthly (~ magazine)	**μηνιαίος**	[miniéos]
monthly (adv)	**μηνιαία**	[miniéa]
every month	**κάθε μήνα**	[káθe mína]
twice a month	**δύο φορές το μήνα**	[ðío forés tomína]
year	**χρόνος** (αρ.)	[xrónos]
this year	**φέτος**	[fétos]
next year	**του χρόνου**	[tu xrónu]
last year	**πέρσι**	[pérsi]
a year ago	**ένα χρόνο πριν**	[éna xróno prin]
in a year	**σε ένα χρόνο**	[se éna xróno]
in two years	**σε δύο χρόνια**	[se ðío xrónia]
the whole year	**ολόκληρος χρόνος**	[olʲókliros oxrónos]

all year long	ολόκληρος ο χρόνος	[olʲókliros o xrónos]
every year	κάθε χρόνο	[káθe xróno]
annual (adj)	ετήσιος	[etísios]
annually (adv)	ετήσια	[etísia]
4 times a year	τέσσερις φορές το χρόνο	[teseris forés toxróno]
date (e.g., today's ~)	ημερομηνία (θηλ.)	[imerominía]
date (e.g., ~ of birth)	ημερομηνία (θηλ.)	[imerominía]
calendar	ημερολόγιο (ουδ.)	[imerolʲójo]
half a year	μισός χρόνος	[misós xrónos]
six months	εξάμηνο (ουδ.)	[eksámino]
season (summer, etc.)	εποχή (θηλ.)	[epoxí]
century	αιώνας (αρ.)	[eónas]

TRAVEL. HOTEL

T&P Books Publishing

20. Trip. Travel

tourism, travel	**τουρισμός** (αρ.)	[turizmós]
tourist	**τουρίστας** (αρ.)	[turístas]
trip, voyage	**ταξίδι** (ουδ.)	[taksíði]
adventure	**περιπέτεια** (θηλ.)	[peripétia]
trip, journey	**ταξίδι** (ουδ.)	[taksíði]
vacation	**διακοπές** (θηλ.πλ.)	[ðiakopés]
to be on vacation	**είμαι σε διακοπές**	[íme se ðiakopés]
rest	**διακοπές** (πλ.)	[ðiakopés]
train	**τραίνο, τρένο** (ουδ.)	[tréno]
by train	**με τρένο**	[me tréno]
airplane	**αεροπλάνο** (ουδ.)	[aeropl^jáno]
by airplane	**με αεροπλάνο**	[me aeropl^jáno]
by car	**με αυτοκίνητο**	[me aftokínito]
by ship	**με καράβι**	[me karávi]
luggage	**αποσκευές** (θηλ.πλ.)	[aposkevés]
suitcase	**βαλίτσα** (θηλ.)	[valítsa]
luggage cart	**καρότσι αποσκευών** (ουδ.)	[karótsi aposkevón]
passport	**διαβατήριο** (ουδ.)	[ðiavatírio]
visa	**βίζα** (θηλ.)	[víza]
ticket	**εισιτήριο** (ουδ.)	[isitírio]
air ticket	**αεροπορικό εισιτήριο** (ουδ.)	[aeroporikó isitírio]
guidebook	**ταξιδιωτικός οδηγός** (αρ.)	[taksiðiotikós oðiɣós]
map (tourist ~)	**χάρτης** (αρ.)	[xártis]
area (rural ~)	**περιοχή** (θηλ.)	[perioxí]
place, site	**τόπος** (αρ.)	[tópos]
exotica (n)	**εξωτικά πράγματα** (ουδ.πλ.)	[eksotiká práɣmata]
exotic (adj)	**εξωτικός**	[eksotikós]
amazing (adj)	**καταπληκτικός**	[katapliktikós]
group	**ομάδα** (θηλ.)	[omáða]
excursion, sightseeing tour	**εκδρομή** (θηλ.)	[ekðromí]
guide (person)	**ξεναγός** (αρ.)	[ksenaɣós]

21. Hotel

hotel	**ξενοδοχείο** (ουδ.)	[ksenoðoxío]
motel	**μοτέλ** (ουδ.)	[motél^j]

three-star (~ hotel)	**τριών αστέρων**	[trión astéron]
five-star	**πέντε αστέρων**	[pénde astéron]
to stay (in a hotel, etc.)	**μένω**	[méno]
room	**δωμάτιο** (ουδ.)	[ðomátio]
single room	**μονόκλινο δωμάτιο** (ουδ.)	[monóklino ðomátio]
double room	**δίκλινο δωμάτιο** (ουδ.)	[ðíklino ðomátio]
to book a room	**κλείνω δωμάτιο**	[klíno ðomátio]
half board	**ημιδιατροφή** (θηλ.)	[imiðiatrofí]
full board	**πλήρης διατροφή** (θηλ.)	[plíris ðiatrofí]
with bath	**με μπανιέρα**	[me baniéra]
with shower	**με ντους**	[me dúz]
satellite television	**δορυφορική τηλεόραση** (θηλ.)	[ðoriforikí tileórasi]
air-conditioner	**κλιματιστικό** (ουδ.)	[klimatistikó]
towel	**πετσέτα** (θηλ.)	[petséta]
key	**κλειδί** (ουδ.)	[kliðí]
administrator	**υπεύθυνος** (αρ.)	[ipéfθinos]
chambermaid	**καμαριέρα** (θηλ.)	[kamariéra]
porter, bellboy	**αχθοφόρος** (αρ.)	[axθofóros]
doorman	**πορτιέρης** (αρ.)	[portiéris]
restaurant	**εστιατόριο** (ουδ.)	[estiatório]
pub, bar	**μπαρ** (ουδ.), **μπυραρία** (θηλ.)	[bar], [biraría]
breakfast	**πρωινό** (ουδ.)	[proinó]
dinner	**δείπνο** (ουδ.)	[ðípno]
buffet	**μπουφές** (αρ.)	[bufés]
lobby	**φουαγιέ** (ουδ.)	[fuaʝé]
elevator	**ασανσέρ** (ουδ.)	[asansér]
DO NOT DISTURB	**ΜΗΝ ΕΝΟΧΛΕΙΤΕ!**	[min enoxlíte]
NO SMOKING	**ΑΠΑΓΟΡΕΥΕΤΑΙ ΤΟ ΚΑΠΝΙΣΜΑ**	[apaɣorévete to kápnizma]

22. Sightseeing

monument	**μνημείο** (ουδ.)	[mnimío]
fortress	**φρούριο** (ουδ.)	[frúrio]
palace	**παλάτι** (ουδ.)	[palʲáti]
castle	**κάστρο** (ουδ.)	[kástro]
tower	**πύργος** (αρ.)	[pírɣos]
mausoleum	**μαυσωλείο** (ουδ.)	[mafsolío]
architecture	**αρχιτεκτονική** (θηλ.)	[arxitektonikí]
medieval (adj)	**μεσαιωνικός**	[meseonikós]

ancient (adj)	**αρχαίος**	[arxéos]
national (adj)	**εθνικός**	[eθnikós]
famous (monument, etc.)	**διάσημος**	[ðiásimos]
tourist	**τουρίστας** (αρ.)	[turístas]
guide (person)	**ξεναγός** (αρ.)	[ksenaɣós]
excursion, sightseeing tour	**εκδρομή** (θηλ.)	[ekðromí]
to show (vt)	**δείχνω**	[ðíxno]
to tell (vt)	**διηγούμαι**	[ðiiɣúme]
to find (vt)	**βρίσκω**	[vrísko]
to get lost (lose one's way)	**χάνομαι**	[xánome]
map (e.g., subway ~)	**χάρτης** (αρ.)	[xártis]
map (e.g., city ~)	**χάρτης** (αρ.)	[xártis]
souvenir, gift	**ενθύμιο** (ουδ.)	[enθímio]
gift shop	**κατάστημα με είδη δώρων** (ουδ.)	[katástima me ídi ðóron]
to take pictures	**φωτογραφίζω**	[fotoɣrafízo]
to have one's picture taken	**βγαίνω φωτογραφία**	[vʝéno fotoɣrafía]

T&P BOOKS

TRANSPORTATION

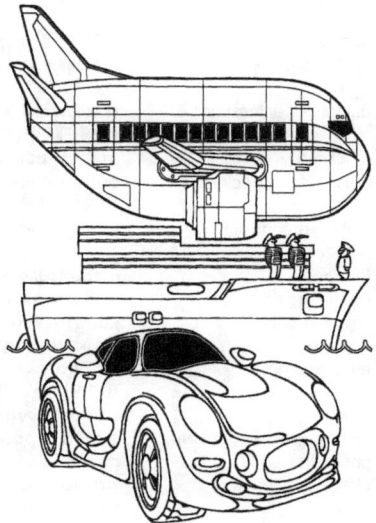

T&P Books Publishing

23. Airport

airport	**αεροδρόμιο** (ουδ.)	[aeroðrómio]
airplane	**αεροπλάνο** (ουδ.)	[aeroplʲáno]
airline	**αεροπορική εταιρεία** (θηλ.)	[aeroporikí etería]
air traffic controller	**ελεγκτής εναέριας κυκλοφορίας** (αρ.)	[elengtís enaérias kiklʲoforías]
departure	**αναχώρηση** (θηλ.)	[anaxórisi]
arrival	**άφιξη** (θηλ.)	[áfiksi]
to arrive (by plane)	**φτάνω**	[ftáno]
departure time	**ώρα αναχώρησης** (θηλ.)	[ora anaxórisis]
arrival time	**ώρα άφιξης** (θηλ.)	[óra áfiksis]
to be delayed	**καθυστερώ**	[kaθisteró]
flight delay	**καθυστέρηση πτήσης** (θηλ.)	[kaθistérisi ptísis]
information board	**πίνακας πληροφοριών** (αρ.)	[pínakas pliroforión]
information	**πληροφορίες** (θηλ.πλ.)	[pliroforíes]
to announce (vt)	**ανακοινώνω**	[anakinóno]
flight (e.g., next ~)	**πτήση** (θηλ.)	[ptísi]
customs	**τελωνείο** (ουδ.)	[telʲonío]
customs officer	**τελωνειακός** (αρ.)	[telʲoniakós]
customs declaration	**τελωνειακή διασάφηση** (θηλ.)	[telʲoniakí ðiasáfisi]
to fill out (vt)	**συμπληρώνω**	[simbliróno]
to fill out the declaration	**συμπληρώνω τη δήλωση**	[simbliróno ti ðílʲosi]
passport control	**έλεγχος διαβατηρίων** (αρ.)	[élenxos ðiavatiríon]
luggage	**αποσκευές** (θηλ.πλ.)	[aposkevés]
hand luggage	**χειραποσκευή** (θηλ.)	[xiraposkeví]
luggage cart	**καρότσι αποσκευών** (ουδ.)	[karótsi aposkevón]
landing	**προσγείωση** (θηλ.)	[prozʝíosi]
landing strip	**διάδρομος προσγείωσης** (αρ.)	[ðiáðromos prozʝíosis]
to land (vi)	**προσγειώνομαι**	[prozʝiónome]
airstair (passenger stair)	**σκάλα αεροσκάφους** (θηλ.)	[skálʲa aeroskáfus]
check-in	**check-in** (ουδ.)	[ʧek-in]
check-in counter	**πάγκος ελέγχου εισιτηρίων** (αρ.)	[pángos elénxu isitiríon]

to check-in (vi)	κάνω check-in	[káno t∫ek-in]
boarding pass	κάρτα επιβίβασης (θηλ.)	[kárta epivívasis]
departure gate	πύλη αναχώρησης (θηλ.)	[píli anaxórisis]

transit	διέλευση (θηλ.)	[ðiélefsi]
to wait (vt)	περιμένω	[periméno]
departure lounge	αίθουσα	[éθusa
	αναχώρησης (θηλ.)	anaxórisis]
to see off	συνοδεύω	[sinoðévo]
to say goodbye	αποχαιρετώ	[apoxeretó]

24. Airplane

airplane	αεροπλάνο (ουδ.)	[aeropláno]
air ticket	αεροπορικό	[aeroporikó
	εισιτήριο (ουδ.)	isitírio]
airline	αεροπορική εταιρεία (θηλ.)	[aeroporikí etería]
airport	αεροδρόμιο (ουδ.)	[aeroðrómio]
supersonic (adj)	υπερηχητικός	[iperixitikós]

captain	κυβερνήτης (αρ.)	[kivernítis]
crew	πλήρωμα (ουδ.)	[plíroma]
pilot	πιλότος (αρ.)	[pil'ótos]
flight attendant (fem.)	αεροσυνοδός (θηλ.)	[aerosinoðós]
navigator	πλοηγός (αρ.)	[pl'oiɣós]

wings	φτερά (ουδ.πλ.)	[fterá]
tail	ουρά (θηλ.)	[urá]
cockpit	πιλοτήριο (ουδ.)	[pil'otírio]
engine	κινητήρας (αρ.)	[kinitíras]
undercarriage	σύστημα	[sístima
(landing gear)	προσγείωσης (ουδ.)	prosjíosis]
turbine	στρόβιλος (αρ.)	[stróvil'os]

propeller	έλικας (αρ.)	[élikas]
black box	μαύρο κουτί (ουδ.)	[mávro kutí]
yoke (control column)	πηδάλιο (ουδ.)	[piðálio]
fuel	καύσιμο (ουδ.)	[káfsimo]

safety card	οδηγίες	[oðijíes
	ασφαλείας (θηλ.πλ.)	asfalías]
oxygen mask	μάσκα οξυγόνου (θηλ.)	[máska oksiɣónu]
uniform	στολή (θηλ.)	[stolí]
life vest	σωσίβιο γιλέκο (ουδ.)	[sosívio jiléko]
parachute	αλεξίπτωτο (ουδ.)	[aleksíptoto]

takeoff	απογείωση (θηλ.)	[apojíosi]
to take off (vi)	απογειώνομαι	[apojiónome]
runway	διάδρομος	[ðiáðromos
	απογείωσης (αρ.)	apojíosis]

visibility	**ορατότητα** (θηλ.)	[oratótita]
flight (act of flying)	**πέταγμα** (ουδ.)	[pétaɣma]
altitude	**ύψος** (ουδ.)	[ípsos]
air pocket	**κενό αέρος** (ουδ.)	[kenó aéros]
seat	**θέση** (θηλ.)	[θési]
headphones	**ακουστικά** (ουδ.πλ.)	[akustiká]
folding tray (tray table)	**πτυσσόμενο τραπεζάκι** (ουδ.)	[ptisómeno trapezáki]
airplane window	**παράθυρο** (ουδ.)	[paráθiro]
aisle	**διάδρομος** (αρ.)	[ðiáðromos]

25. Train

train	**τραίνο, τρένο** (ουδ.)	[tréno]
commuter train	**περιφερειακό τρένο** (ουδ.)	[periferiakó tréno]
express train	**τρένο εξπρές** (ουδ.)	[tréno ekspré́s]
diesel locomotive	**αμαξοστοιχία ντίζελ** (θηλ.)	[amaksostixía dízelʲ]
steam locomotive	**ατμάμαξα** (θηλ.)	[atmámaksa]
passenger car	**βαγόνι** (ουδ.)	[vaɣóni]
dining car	**εστιατόριο** (ουδ.)	[estiatório]
rails	**ράγες** (θηλ.πλ.)	[ráȷes]
railroad	**σιδηρόδρομος** (αρ.)	[siðiróðromos]
railway tie	**στρωτήρας** (αρ.)	[strotíras]
platform (railway ~)	**πλατφόρμα** (θηλ.)	[plʲatfórma]
track (~ 1, 2, etc.)	**αποβάθρα** (θηλ.)	[apováθra]
semaphore	**σηματοδότης** (αρ.)	[simatoðótis]
station	**σταθμός** (αρ.)	[staθmós]
engineer (train driver)	**οδηγός τρένου** (αρ.)	[oðiɣós trénu]
porter (of luggage)	**αχθοφόρος** (αρ.)	[axθofóros]
car attendant	**συνοδός** (αρ.)	[sinoðós]
passenger	**επιβάτης** (αρ.)	[epivátis]
conductor (ticket inspector)	**ελεγκτής εισιτηρίων** (αρ.)	[elengtís isitiríon]
corridor (in train)	**διάδρομος** (αρ.)	[ðiáðromos]
emergency brake	**φρένο έκτακτης ανάγκης** (ουδ.)	[fréno éktaktis anángis]
compartment	**κουπέ** (ουδ.)	[kupé]
berth	**κουκέτα** (θηλ.)	[kukéta]
upper berth	**πάνω κουκέτα** (θηλ.)	[páno kukéta]
lower berth	**κάτω κουκέτα** (θηλ.)	[káto kukéta]
bed linen, bedding	**σεντόνια** (ουδ.πλ.)	[sendónia]
ticket	**εισιτήριο** (ουδ.)	[isitírio]
schedule	**δρομολόγιο** (ουδ.)	[ðromolʲóȷo]

information display	**πίνακας πληροφοριών** (αρ.)	[pínakas pliroforión]
to leave, to depart	**αναχωρώ**	[anaxoró]
departure (of train)	**αναχώρηση** (θηλ.)	[anaxórisi]
to arrive (ab. train)	**φτάνω**	[ftáno]
arrival	**άφιξη** (θηλ.)	[áfiksi]
to arrive by train	**έρχομαι με τρένο**	[érxome me tréno]
to get on the train	**ανεβαίνω στο τρένο**	[anevéno sto tréno]
to get off the train	**κατεβαίνω από το τρένο**	[katevéno apó to tréno]
train wreck	**πρόσκρουση τρένου** (θηλ.)	[próskrusi trénu]
to derail (vi)	**εκτροχιάζομαι**	[ektroxiázome]
steam locomotive	**ατμάμαξα** (θηλ.)	[atmámaksa]
stoker, fireman	**θερμαστής** (αρ.)	[θermastís]
firebox	**θάλαμο καύσης** (ουδ.)	[θáljamo káfsis]
coal	**κάρβουνο** (ουδ.)	[kárvuno]

26. Ship

ship	**πλοίο** (ουδ.)	[plío]
vessel	**σκάφος** (ουδ.)	[skáfos]
steamship	**ατμόπλοιο** (ουδ.)	[atmóplio]
riverboat	**ποταμόπλοιο** (ουδ.)	[potamóplio]
cruise ship	**κρουαζιερόπλοιο** (ουδ.)	[kruazieróplio]
cruiser	**καταδρομικό** (ουδ.)	[kataðromikó]
yacht	**κότερο** (ουδ.)	[kótero]
tugboat	**ρυμουλκό** (ουδ.)	[rimuljkó]
barge	**φορτηγίδα** (θηλ.)	[fortiʝíða]
ferry	**φέρι μποτ** (ουδ.)	[féri bot]
sailing ship	**ιστιοφόρο** (ουδ.)	[istiofóro]
brigantine	**βριγαντίνο** (ουδ.)	[vriɣantíno]
ice breaker	**παγοθραυστικό** (ουδ.)	[paɣoθrafstikó]
submarine	**υποβρύχιο** (ουδ.)	[ipovríxo]
boat (flat-bottomed ~)	**βάρκα** (θηλ.)	[várka]
dinghy	**λέμβος** (θηλ.)	[lémvos]
lifeboat	**σωσίβια λέμβος** (θηλ.)	[sosívia lémvos]
motorboat	**ταχύπλοο** (ουδ.)	[taxípljoo]
captain	**καπετάνιος** (αρ.)	[kapetánios]
seaman	**ναύτης** (αρ.)	[náftis]
sailor	**ναυτικός** (αρ.)	[naftikós]
crew	**πλήρωμα** (ουδ.)	[plíroma]
boatswain	**λοστρόμος** (αρ.)	[ljostrómos]
ship's boy	**μούτσος** (αρ.)	[mútsos]

| cook | μάγειρας (αρ.) | [májiras] |
| ship's doctor | ιατρός πλοίου (αρ.) | [jatrós plíu] |

deck	κατάστρωμα (ουδ.)	[katástroma]
mast	κατάρτι (ουδ.)	[katárti]
sail	ιστίο (ουδ.)	[istío]

hold	αμπάρι (ουδ.)	[ambári]
bow (prow)	πλώρη (θηλ.)	[plóri]
stern	πρύμνη (θηλ.)	[prímni]
oar	κουπί (ουδ.)	[kupí]
screw propeller	προπέλα (θηλ.)	[propélʲa]

cabin	καμπίνα (θηλ.)	[kabína]
wardroom	αίθουσα αξιωματικών (ουδ.)	[éθusa aksiomatikón]
engine room	μηχανοστάσιο (ουδ.)	[mixanostásio]
bridge	γέφυρα (θηλ.)	[ʲéfira]
radio room	θάλαμος επικοινωνιών (αρ.)	[θálamos epikinonión]
wave (radio)	κύμα (ουδ.)	[kíma]
logbook	ημερολόγιο πλοίου (ουδ.)	[imerolʲójo plíu]

spyglass	κυάλι (ουδ.)	[kiáli]
bell	καμπάνα (θηλ.)	[kabána]
flag	σημαία (θηλ.)	[siméa]

| hawser (mooring ~) | παλαμάρι (ουδ.) | [palʲamári] |
| knot (bowline, etc.) | κόμβος (αρ.) | [kómvos] |

| deckrails | κουπαστή (θηλ.) | [kupastí] |
| gangway | σκάλα επιβιβάσεως (θηλ.) | [skálʲa epiviváseos] |

anchor	άγκυρα (θηλ.)	[ángira]
to weigh anchor	σηκώνω άγκυρα	[sikóno ángira]
to drop anchor	ρίχνω άγκυρα	[ríxno ángira]
anchor chain	αλυσίδα της άγκυρας (θηλ.)	[alisíða tis ángiras]

port (harbor)	λιμάνι (ουδ.)	[limáni]
quay, wharf	προβλήτα (θηλ.)	[provlíta]
to berth (moor)	αράζω	[arázo]
to cast off	σαλπάρω	[salʲpáro]

trip, voyage	ταξίδι (ουδ.)	[taksíði]
cruise (sea trip)	κρουαζιέρα (θηλ.)	[kruaziéra]
course (route)	ρότα, πορεία (θηλ.)	[róta], [poría]
route (itinerary)	δρομολόγιο (ουδ.)	[ðromolʲójo]

| fairway (safe water channel) | πλωτό μέρος (ουδ.) | [plʲotó méros] |
| shallows | ρηχά (ουδ.πλ.) | [rixá] |

to run aground	εξοκέλλω	[eksokélʲo]
storm	καταιγίδα (θηλ.)	[katejíða]
signal	σήμα (ουδ.)	[síma]
to sink (vi)	βυθίζομαι	[viθízome]
Man overboard!	Άνθρωπος στη θάλασσα!	[ánθropos sti θálʲasa]
SOS (distress signal)	SOS (ουδ.)	[es-o-es]
ring buoy	σωσίβιο (ουδ.)	[sosívio]

CITY

T&P Books Publishing

27. Urban transportation

bus	**λεωφορείο** (ουδ.)	[leoforío]
streetcar	**τραμ** (ουδ.)	[tram]
trolley bus	**τρόλεϊ** (ουδ.)	[trólej]
route (of bus, etc.)	**δρομολόγιο** (ουδ.)	[ðromolʲóʝo]
number (e.g., bus ~)	**αριθμός** (αρ.)	[ariθmós]
to go by ...	**πηγαίνω με ...**	[piʝéno me]
to get on (~ the bus)	**ανεβαίνω**	[anevéno]
to get off ...	**κατεβαίνω**	[katevéno]
stop (e.g., bus ~)	**στάση** (θηλ.)	[stási]
next stop	**επόμενη στάση** (θηλ.)	[epómeni stási]
terminus	**τερματικός σταθμός** (αρ.)	[termatikós staθmós]
schedule	**δρομολόγιο** (ουδ.)	[ðromolʲóʝo]
to wait (vt)	**περιμένω**	[periméno]
ticket	**εισιτήριο** (ουδ.)	[isitírio]
fare	**τιμή εισιτηρίου** (θηλ.)	[timí isitiríu]
cashier (ticket seller)	**ταμίας** (αρ./θηλ.)	[tamías]
ticket inspection	**έλεγχος εισιτηρίων** (αρ.)	[élenxos isitiríon]
ticket inspector	**ελεγκτής εισιτηρίων** (αρ.)	[elengtís isitiríon]
to be late (for ...)	**καθυστερώ**	[kaθisteró]
to miss (~ the train, etc.)	**καθυστερώ**	[kaθisteró]
to be in a hurry	**βιάζομαι**	[viázome]
taxi, cab	**ταξί** (ουδ.)	[taksí]
taxi driver	**ταξιτζής** (αρ.)	[taksidzís]
by taxi	**με ταξί**	[me taksí]
taxi stand	**πιάτσα ταξί** (θηλ.)	[piátsa taksí]
to call a taxi	**καλώ ταξί**	[kalʲó taksí]
to take a taxi	**παίρνω ταξί**	[pérno taksí]
traffic	**κίνηση** (θηλ.)	[kínisi]
traffic jam	**μποτιλιάρισμα** (ουδ.)	[botiliárizma]
rush hour	**ώρα αιχμής** (θηλ.)	[óra exmís]
to park (vi)	**παρκάρω**	[parkáro]
to park (vt)	**παρκάρω**	[parkáro]
parking lot	**πάρκινγκ** (ουδ.)	[párking]
subway	**μετρό** (ουδ.)	[metró]
station	**σταθμός** (αρ.)	[staθmós]
to take the subway	**παίρνω το μετρό**	[pérno to metró]

train	**τραίνο, τρένο** (ουδ.)	[tréno]
train station	**σιδηροδρομικός σταθμός** (αρ.)	[siðiroðromikós staθmós]

28. City. Life in the city

city, town	**πόλη** (θηλ.)	[póli]
capital city	**πρωτεύουσα** (θηλ.)	[protévusa]
village	**χωριό** (ουδ.)	[xorió]
city map	**χάρτης πόλης** (αρ.)	[xártis pólis]
downtown	**κέντρο της πόλης** (ουδ.)	[kéndro tis pólis]
suburb	**προάστιο** (ουδ.)	[proástio]
suburban (adj)	**προαστιακός**	[proastiakós]
outskirts	**προάστια** (ουδ.πλ.)	[proástia]
environs (suburbs)	**περίχωρα** (πλ.)	[períxora]
city block	**συνοικία** (θηλ.)	[sinikía]
residential block (area)	**οικιστικό τετράγωνο** (ουδ.)	[ikistikó tetráɣono]
traffic	**κίνηση** (θηλ.)	[kínisi]
traffic lights	**φανάρι** (ουδ.)	[fanári]
public transportation	**δημόσιες συγκοινωνίες** (θηλ.πλ.)	[ðimósies singinoníes]
intersection	**διασταύρωση** (θηλ.)	[ðiastávrosi]
crosswalk	**διάβαση πεζών** (θηλ.)	[ðiávasi pezón]
pedestrian underpass	**υπόγεια διάβαση** (θηλ.)	[ipóʝia ðiávasi]
to cross (~ the street)	**περνάω, διασχίζω**	[pernáo], [ðiasxízo]
pedestrian	**πεζός** (αρ.)	[pezós]
sidewalk	**πεζοδρόμιο** (ουδ.)	[pezoðrómio]
bridge	**γέφυρα** (θηλ.)	[ʝéfira]
embankment (river walk)	**προκυμαία** (θηλ.)	[prokiméa]
fountain	**κρήνη** (θηλ.)	[kríni]
allée (garden walkway)	**αλέα** (θηλ.)	[aléa]
park	**πάρκο** (ουδ.)	[párko]
boulevard	**λεωφόρος** (θηλ.)	[leofóros]
square	**πλατεία** (θηλ.)	[plʲatía]
avenue (wide street)	**λεωφόρος** (θηλ.)	[leofóros]
street	**δρόμος** (αρ.)	[ðrómos]
side street	**παράδρομος** (αρ.)	[paráðromos]
dead end	**αδιέξοδο** (ουδ.)	[aðiéksoðo]
house	**σπίτι** (ουδ.)	[spíti]
building	**κτίριο** (ουδ.)	[ktírio]
skyscraper	**ουρανοξύστης** (αρ.)	[uranoksístis]
facade	**πρόσοψη** (θηλ.)	[prósopsi]
roof	**στέγη** (θηλ.)	[stéʝi]

window	**παράθυρο** (ουδ.)	[paráθiro]
arch	**αψίδα** (θηλ.)	[apsíða]
column	**κολόνα** (θηλ.)	[kolʲóna]
corner	**γωνία** (θηλ.)	[ɣonía]
store window	**βιτρίνα** (θηλ.)	[vitrína]
signboard (store sign, etc.)	**ταμπέλα** (θηλ.)	[tabélʲa]
poster (e.g., playbill)	**αφίσα** (θηλ.)	[afísa]
advertising poster	**διαφημιστική αφίσα** (θηλ.)	[ðiafimistikí afísa]
billboard	**διαφημιστική πινακίδα** (θηλ.)	[ðiafimistikí pinakíða]
garbage, trash	**σκουπίδια** (ουδ.πλ.)	[skupíðia]
trash can (public ~)	**σκουπιδοτενεκές** (αρ.)	[skupiðotenekés]
to litter (vi)	**λερώνω με σκουπίδια**	[leróno me skupíðia]
garbage dump	**χωματερή** (θηλ.)	[xomaterí]
phone booth	**τηλεφωνικός θάλαμος** (αρ.)	[tilefonikós θálʲamos]
lamppost	**φανοστάτης** (αρ.)	[fanostátis]
bench (park ~)	**παγκάκι** (ουδ.)	[pangáki]
police officer	**αστυνομικός** (αρ.)	[astinomikós]
police	**αστυνομία** (θηλ.)	[astinomía]
beggar	**ζητιάνος** (αρ.)	[zitiános]
homeless (n)	**άστεγος** (αρ.)	[ásteɣos]

29. Urban institutions

store	**κατάστημα** (ουδ.)	[katástima]
drugstore, pharmacy	**φαρμακείο** (ουδ.)	[farmakío]
eyeglass store	**κατάστημα οπτικών** (ουδ.)	[katástima optikón]
shopping mall	**εμπορικό κέντρο** (ουδ.)	[emborikó kéndro]
supermarket	**σουπερμάρκετ** (ουδ.)	[supermárket]
bakery	**αρτοπωλείο** (ουδ.)	[artopolío]
baker	**φούρναρης** (αρ.)	[fúrnaris]
pastry shop	**ζαχαροπλαστείο** (ουδ.)	[zaxaroplʲastío]
grocery store	**μπακάλικο** (ουδ.)	[bakáliko]
butcher shop	**κρεοπωλείο** (ουδ.)	[kreopolío]
produce store	**μανάβικο** (ουδ.)	[manáviko]
market	**αγορά, λαϊκή** (θηλ.)	[aɣorá], [lʲajkí]
coffee house	**καφετέρια** (θηλ.)	[kafetéria]
restaurant	**εστιατόριο** (ουδ.)	[estiatório]
pub, bar	**μπαρ** (ουδ.), **μπυραρία** (θηλ.)	[bar], [biraría]
pizzeria	**πιτσαρία** (θηλ.)	[pitsaría]
hair salon	**κομμωτήριο** (ουδ.)	[komotírio]

post office	**ταχυδρομείο** (ουδ.)	[taxiðromío]
dry cleaners	**στεγνοκαθαριστήριο** (ουδ.)	[steɣnokaθaristírio]
photo studio	**φωτογραφείο** (ουδ.)	[fotoɣrafío]
shoe store	**κατάστημα παπουτσιών** (ουδ.)	[katástima paputsión]
bookstore	**βιβλιοπωλείο** (ουδ.)	[vivliopolío]
sporting goods store	**κατάστημα αθλητικών ειδών** (ουδ.)	[katástima aθlitikón iðón]
clothes repair shop	**κατάστημα επιδιορθώσεων ενδυμάτων** (ουδ.)	[katástima epiðiorθóseon enðimáton]
formal wear rental	**ενοικίαση ενδυμάτων** (θηλ.)	[enikíasi enðimáton]
video rental store	**κατάστημα ενοικίασης βίντεο** (ουδ.)	[katástima enikíasis vídeo]
circus	**τσίρκο** (ουδ.)	[tsírko]
zoo	**ζωολογικός κήπος** (αρ.)	[zooljojikós kípos]
movie theater	**κινηματογράφος** (αρ.)	[kinimatoɣráfos]
museum	**μουσείο** (ουδ.)	[musío]
library	**βιβλιοθήκη** (θηλ.)	[vivlioθíki]
theater	**θέατρο** (ουδ.)	[θéatro]
opera (opera house)	**όπερα** (θηλ.)	[ópera]
nightclub	**νυχτερινό κέντρο** (ουδ.)	[nixterinó kéndro]
casino	**καζίνο** (ουδ.)	[kazíno]
mosque	**τζαμί** (ουδ.)	[dzamí]
synagogue	**συναγωγή** (θηλ.)	[sinaɣojí]
cathedral	**καθεδρικός** (αρ.)	[kaθeðrikós]
temple	**ναός** (αρ.)	[naós]
church	**εκκλησία** (θηλ.)	[eklisía]
college	**πανεπιστήμιο** (ουδ.)	[panepistímio]
university	**πανεπιστήμιο** (ουδ.)	[panepistímio]
school	**σχολείο** (ουδ.)	[sxolío]
prefecture	**νομός** (αρ.)	[nómos]
city hall	**δημαρχείο** (ουδ.)	[ðimarxío]
hotel	**ξενοδοχείο** (ουδ.)	[ksenoðoxío]
bank	**τράπεζα** (θηλ.)	[trápeza]
embassy	**πρεσβεία** (θηλ.)	[prezvía]
travel agency	**ταξιδιωτικό γραφείο** (ουδ.)	[taksiðiotikó ɣrafío]
information office	**γραφείο πληροφοριών** (ουδ.)	[ɣrafío plirofórión]
currency exchange	**ανταλλακτήριο συναλλάγματος** (ουδ.)	[andaljaktírio sinaljáɣmatos]
subway	**μετρό** (ουδ.)	[metró]
hospital	**νοσοκομείο** (ουδ.)	[nosokomío]

gas station	**βενζινάδικο** (ουδ.)	[venzináðiko]
parking lot	**πάρκινγκ** (ουδ.)	[párking]

30. Signs

signboard (store sign, etc.)	**ταμπέλα** (θηλ.)	[tabélʲa]
notice (door sign, etc.)	**επιγραφή** (θηλ.)	[epiɣrafí]
poster	**αφίσα, πόστερ** (ουδ.)	[afísa], [póster]
direction sign	**πινακίδα** (θηλ.)	[pinakíða]
arrow (sign)	**βελάκι** (ουδ.)	[velʲáki]
caution	**προειδοποίηση** (θηλ.)	[proiðopíisi]
warning sign	**προειδοποίηση** (θηλ.)	[proiðopíisi]
to warn (vt)	**προειδοποιώ**	[proiðopió]
rest day (weekly ~)	**ρεπό** (ουδ.)	[repó]
timetable (schedule)	**ωράριο** (ουδ.)	[orário]
opening hours	**ώρες λειτουργίας** (θηλ.πλ.)	[óres liturʝías]
WELCOME!	**ΚΑΛΩΣ ΗΡΘΑΤΕ!**	[kalʲos írθate]
ENTRANCE	**ΕΙΣΟΔΟΣ**	[ísoðos]
EXIT	**ΕΞΟΔΟΣ**	[éksoðos]
PUSH	**ΩΘΗΣΑΤΕ**	[oθísate]
PULL	**ΕΛΞΑΤΕ**	[élʲksate]
OPEN	**ΑΝΟΙΚΤΟ**	aníkto
CLOSED	**ΚΛΕΙΣΤΟ**	[klísto]
WOMEN	**ΓΥΝΑΙΚΩΝ**	[ʝinekón]
MEN	**ΑΝΔΡΕΣ**	[ánðres]
DISCOUNTS	**ΕΚΠΤΩΣΕΙΣ**	[ekptósis]
SALE	**ΞΕΠΟΥΛΗΜΑ**	[ksepúlima]
NEW!	**ΝΕΟ!**	[néo]
FREE	**ΔΩΡΕΑΝ**	[ðoreán]
ATTENTION!	**ΠΡΟΣΟΧΗ!**	[prosoxí]
NO VACANCIES	**ΔΕΝ ΥΠΑΡΧΟΥΝ ΚΕΝΑ ΔΩΜΑΤΙΑ**	[ðen ipárxun kená ðomátia]
RESERVED	**ΡΕΖΕΡΒΕ**	[rezervé]
ADMINISTRATION	**ΔΙΕΥΘΥΝΤΗΣ**	[ðiéfθindis]
STAFF ONLY	**ΜΟΝΟ ΓΙΑ ΤΟ ΠΡΟΣΩΠΙΚΟ**	[móno ʝa to prosopikó]
BEWARE OF THE DOG!	**ΠΡΟΣΟΧΗ ΣΚΥΛΟΣ**	[prosoxí skílʲos]
NO SMOKING	**ΑΠΑΓΟΡΕΥΕΤΑΙ ΤΟ ΚΑΠΝΙΣΜΑ**	[apaɣorévete to kápnizma]
DO NOT TOUCH!	**ΜΗΝ ΑΓΓΙΖΕΤΕ!**	[min angízete]
DANGEROUS	**ΚΙΝΔΥΝΟΣ**	[kínðinos]

DANGER	**ΚΙΝΔΥΝΟΣ**	[kínðinos]
HIGH VOLTAGE	**ΥΨΗΛΗ ΤΑΣΗ**	[ípseli tási]
NO SWIMMING!	**ΑΠΑΓΟΡΕΥΕΤΑΙ ΤΟ ΚΟΛΥΜΠΙ**	[apaɣorévete to kolíbi]
OUT OF ORDER	**ΕΚΤΟΣ ΛΕΙΤΟΥΡΓΙΑΣ**	éktos liturʝías
FLAMMABLE	**ΕΥΦΛΕΚΤΟ**	[éflekto]
FORBIDDEN	**ΑΠΑΓΟΡΕΥΕΤΑΙ**	[apaɣorévete]
NO TRESPASSING!	**ΑΠΑΓΟΡΕΥΕΤΑΙ ΤΟ ΠΕΡΑΣΜΑ**	[apaɣorévete to pérazma]
WET PAINT	**ΦΡΕΣΚΟΒΑΜΜΕΝΟ**	[frésko vaméno]

31. Shopping

to buy (purchase)	**αγοράζω**	[aɣorázo]
purchase	**αγορά** (θηλ.)	[aɣorá]
to go shopping	**ψωνίζω**	[psonízo]
shopping	**shopping** (ουδ.)	[ʃópiŋ]
to be open (ab. store)	**λειτουργώ**	[lituɣó]
to be closed	**κλείνω**	[klíno]
footwear, shoes	**υποδήματα** (ουδ.πλ.)	[ipoðímata]
clothes, clothing	**ενδύματα** (ουδ.πλ.)	[enðímata]
cosmetics	**καλλυντικά** (ουδ.πλ.)	[kalindiká]
food products	**τρόφιμα** (ουδ.πλ.)	[trófima]
gift, present	**δώρο** (ουδ.)	[ðóro]
salesman	**πωλητής** (αρ.)	[politís]
saleswoman	**πωλήτρια** (θηλ.)	[polítria]
check out, cash desk	**ταμείο** (ουδ.)	[tamío]
mirror	**καθρέφτης** (αρ.)	[kaθréftis]
counter (store ~)	**πάγκος** (αρ.)	[pángos]
fitting room	**δοκιμαστήριο** (ουδ.)	[ðokimastírio]
to try on	**δοκιμάζω**	[ðokimázo]
to fit (ab. dress, etc.)	**ταιριάζω**	[teriázo]
to like (I like ...)	**μου αρέσει**	[mu arési]
price	**τιμή** (θηλ.)	[timí]
price tag	**καρτέλα τιμής** (θηλ.)	[kartélʲa timís]
to cost (vt)	**κοστίζω**	[kostízo]
How much?	**Πόσο κάνει;**	póso káni?
discount	**έκπτωση** (θηλ.)	[ékptosi]
inexpensive (adj)	**φτηνός**	[ftinós]
cheap (adj)	**φτηνός**	[ftinós]
expensive (adj)	**ακριβός**	[akrivós]
It's expensive	**Είναι ακριβός**	[íne akrivós]

rental (n)	ενοικίαση (θηλ.)	[enikíasi]
to rent (~ a tuxedo)	νοικιάζω	[nikiázo]
credit (trade credit)	πίστωση (θηλ.)	[pístosi]
on credit (adv)	με πίστωση	[me pístosi]

T&P BOOKS

CLOTHING & ACCESSORIES

T&P Books Publishing

32. Outerwear. Coats

clothes	**ενδύματα** (ουδ.πλ.)	[enðímata]
outerwear	**πανωφόρια** (ουδ.πλ.)	[panofória]
winter clothing	**χειμωνιάτικα ρούχα** (ουδ.πλ.)	[ximoniátika rúxa]
coat (overcoat)	**παλτό** (ουδ.)	[palʲtó]
fur coat	**γούνα** (θηλ.)	[ɣúna]
fur jacket	**κοντογούνι** (ουδ.)	[kondoɣúni]
down coat	**πουπουλένιο μπουφάν** (ουδ.)	[pupulénio bufán]
jacket (e.g., leather ~)	**μπουφάν** (ουδ.)	[bufán]
raincoat (trenchcoat, etc.)	**αδιάβροχο** (ουδ.)	[aðiávroxo]
waterproof (adj)	**αδιάβροχος**	[aðiávroxos]

33. Men's & women's clothing

shirt (button shirt)	**πουκάμισο** (ουδ.)	[pukámiso]
pants	**παντελόνι** (ουδ.)	[pandelʲóni]
jeans	**τζιν** (ουδ.)	[dzin]
suit jacket	**σακάκι** (ουδ.)	[sakáki]
suit	**κοστούμι** (ουδ.)	[kostúmi]
dress (frock)	**φόρεμα** (ουδ.)	[fórema]
skirt	**φούστα** (θηλ.)	[fústa]
blouse	**μπλούζα** (θηλ.)	[blʲúza]
knitted jacket (cardigan, etc.)	**ζακέτα** (θηλ.)	[zakéta]
jacket (of woman's suit)	**σακάκι** (ουδ.)	[sakáki]
T-shirt	**μπλουζάκι** (ουδ.)	[blʲuzáki]
shorts (short trousers)	**σορτς** (ουδ.)	[sorts]
tracksuit	**αθλητική φόρμα** (θηλ.)	[aθlitikí fórma]
bathrobe	**μπουρνούζι** (ουδ.)	[burnúzi]
pajamas	**πιτζάμα** (θηλ.)	[pidzáma]
sweater	**πουλόβερ** (ουδ.)	[pulʲóver]
pullover	**πουλόβερ** (ουδ.)	[pulʲóver]
vest	**γιλέκο** (ουδ.)	[j̥iléko]
tailcoat	**φράκο** (ουδ.)	[fráko]
tuxedo	**σμόκιν** (ουδ.)	[smókin]

uniform	**στολή** (θηλ.)	[stolí]
workwear	**τα ρούχα της δουλειάς** (ουδ.πλ.)	[ta rúxa tis ðuliás]
overalls	**φόρμα** (θηλ.)	[fórma]
coat (e.g., doctor's smock)	**ρόμπα** (θηλ.)	[rómpa]

34. Clothing. Underwear

underwear	**εσώρουχα** (ουδ.πλ.)	[esóruxa]
boxers, briefs	**μποξεράκι** (ουδ.)	[bokseráki]
panties	**εσώρουχο** (ουδ.)	[esóruxo]
undershirt (A-shirt)	**φανέλα** (θηλ.)	[fanélʲa]
socks	**κάλτσες** (θηλ.πλ.)	[kálʲtses]
nightdress	**νυχτικό** (ουδ.)	[nixtikó]
bra	**σουτιέν** (ουδ.)	[sutién]
knee highs (knee-high socks)	**κάλτσες μέχρι το γόνατο** (θηλ.πλ.)	[kálʲtses méxri to ɣónato]
pantyhose	**καλτσόν** (ουδ.)	[kalʲtsón]
stockings (thigh highs)	**κάλτσες** (θηλ.πλ.)	[kálʲtses]
bathing suit	**μαγιό** (ουδ.)	[maʝió]

35. Headwear

hat	**καπέλο** (ουδ.)	[kapélʲo]
fedora	**καπέλο, φεντόρα** (ουδ.)	[kapélʲo], [fedóra]
baseball cap	**καπέλο του μπέιζμπολ** (ουδ.)	[kapélʲo tu béjzbolʲ]
flatcap	**κασκέτο** (ουδ.)	[kaskéto]
beret	**μπερές** (αρ.)	[berés]
hood	**κουκούλα** (θηλ.)	[kukúlʲa]
panama hat	**παναμάς** (αρ.)	[panamás]
knit cap (knitted hat)	**πλεκτό καπέλο** (ουδ.)	[plektó kapélʲo]
headscarf	**μαντήλι** (ουδ.)	[mandíli]
women's hat	**γυναικείο καπέλο** (ουδ.)	[ʝinekío kapélʲo]
hard hat	**κράνος** (ουδ.)	[krános]
garrison cap	**δίκοχο** (ουδ.)	[ðíkoxo]
helmet	**κράνος** (ουδ.)	[krános]
derby	**μπόουλερ** (αρ.)	[bóuler]
top hat	**ψηλό καπέλο** (ουδ.)	[psilʲó kapélʲo]

36. Footwear

footwear	**υποδήματα** (ουδ.πλ.)	[ipoðímata]
shoes (men's shoes)	**παπούτσια** (ουδ.πλ.)	[papútsia]
shoes (women's shoes)	**γόβες** (θηλ.πλ.)	[ɣóves]
boots (e.g., cowboy ~)	**μπότες** (θηλ.πλ.)	[bótes]
slippers	**παντόφλες** (θηλ.πλ.)	[pandófles]
tennis shoes (e.g., Nike ~)	**αθλητικά** (ουδ.πλ.)	[aθlitiká]
sneakers (e.g., Converse ~)	**αθλητικά παπούτσια** (ουδ.πλ.)	[aθlitiká papútsia]
sandals	**σανδάλια** (ουδ.)	[sanðália]
cobbler (shoe repairer)	**τσαγκάρης** (αρ.)	[tsangáris]
heel	**τακούνι** (ουδ.)	[takúni]
pair (of shoes)	**ζευγάρι** (ουδ.)	[zevɣári]
shoestring	**κορδόνι** (ουδ.)	[korðóni]
to lace (vt)	**δένω τα κορδόνια**	[ðéno ta korðónia]
shoehorn	**κόκκαλο παπουτσιών** (ουδ.)	[kókalʲo paputsion]
shoe polish	**κρέμα παπουτσιών** (θηλ.)	[kréma paputsión]

37. Personal accessories

gloves	**γάντια** (ουδ.πλ.)	[ɣándia]
mittens	**γάντια χωρίς δάχτυλα** (ουδ.πλ.)	[ɣándia xoris ðáxtilʲa]
scarf (muffler)	**κασκόλ** (ουδ.)	[kaskólʲ]
glasses (eyeglasses)	**γυαλιά** (ουδ.πλ.)	[ʝaliá]
frame (eyeglass ~)	**σκελετός** (αρ.)	[skeletós]
umbrella	**ομπρέλα** (θηλ.)	[ombrélʲa]
walking stick	**μπαστούνι** (ουδ.)	[bastúni]
hairbrush	**βούρτσα** (θηλ.)	[vúrtsa]
fan	**βεντάλια** (θηλ.)	[vendália]
tie (necktie)	**γραβάτα** (θηλ.)	[ɣraváta]
bow tie	**παπιγιόν** (ουδ.)	[papiʝón]
suspenders	**τιράντες** (θηλ.πλ.)	[tirándes]
handkerchief	**μαντήλι** (ουδ.)	[mandíli]
comb	**χτένα** (θηλ.)	[xténa]
barrette	**φουρκέτα** (θηλ.)	[furkéta]
hairpin	**φουρκέτα** (θηλ.)	[furkéta]
buckle	**πόρπη** (θηλ.)	[pórpi]
belt	**ζώνη** (θηλ.)	[zóni]
shoulder strap	**λουρί** (αρ.)	[lʲurí]

bag (handbag)	**τσάντα** (θηλ.)	[tsánda]
purse	**τσάντα** (θηλ.)	[tsánda]
backpack	**σακίδιο** (ουδ.)	[sakíðio]

38. Clothing. Miscellaneous

fashion	**μόδα** (θηλ.)	[móða]
in vogue (adj)	**της μόδας**	[tis móðas]
fashion designer	**σχεδιαστής** (αρ.)	[sxeðiastís]
collar	**γιακάς** (αρ.)	[ʝakás]
pocket	**τσέπη** (θηλ.)	[tsépi]
pocket (as adj)	**της τσέπης**	[tis tsépis]
sleeve	**μανίκι** (ουδ.)	[maníki]
hanging loop	**θηλιά** (θηλ.)	[θiliá]
fly (on trousers)	**φερμουάρ** (ουδ.)	[fermuár]
zipper (fastener)	**φερμουάρ** (ουδ.)	[fermuár]
fastener	**κούμπωμα** (ουδ.)	[kúmboma]
button	**κουμπί** (ουδ.)	[kumbí]
buttonhole	**κουμπότρυπα** (θηλ.)	[kumbótripa]
to come off (ab. button)	**βγαίνω**	[vʝéno]
to sew (vi, vt)	**ράβω**	[rávo]
to embroider (vi, vt)	**κεντώ**	[kendó]
embroidery	**κέντημα** (ουδ.)	[kéndima]
sewing needle	**βελόνα** (θηλ.)	[velʲóna]
thread	**κλωστή** (θηλ.)	[klʲostí]
seam	**ραφή** (θηλ.)	[rafí]
to get dirty (vi)	**λερώνομαι**	[lerónome]
stain (mark, spot)	**λεκές** (αρ.)	[lekés]
to crease, crumple (vi)	**τσαλακώνομαι**	[tsalʲakónome]
to tear, to rip (vt)	**σκίζω**	[skízo]
clothes moth	**σκόρος** (αρ.)	[skóros]

39. Personal care. Cosmetics

toothpaste	**οδοντόκρεμα** (θηλ.)	[oðondókrema]
toothbrush	**οδοντόβουρτσα** (θηλ.)	[oðondóvutsa]
to brush one's teeth	**πλένω τα δόντια**	[pléno ta ðóndia]
razor	**ξυράφι** (ουδ.)	[ksiráfi]
shaving cream	**κρέμα ξυρίσματος** (θηλ.)	[kréma ksirízmatos]
to shave (vi)	**ξυρίζομαι**	[ksirízome]
soap	**σαπούνι** (ουδ.)	[sapúni]
shampoo	**σαμπουάν** (ουδ.)	[sambuán]

scissors	**ψαλίδι** (ουδ.)	[psalíði]
nail file	**λίμα νυχιών** (θηλ.)	[líma nixión]
nail clippers	**νυχοκόπτης** (αρ.)	[nixokóptis]
tweezers	**τσιμπιδάκι** (ουδ.)	[tsimbiðáki]
cosmetics	**καλλυντικά** (ουδ.πλ.)	[kalindiká]
face mask	**μάσκα** (θηλ.)	[máska]
manicure	**μανικιούρ** (ουδ.)	[manikiúr]
to have a manicure	**κάνω μανικιούρ**	[káno manikiúr]
pedicure	**πεντικιούρ** (ουδ.)	[pedikiúr]
make-up bag	**τσαντάκι καλλυντικών** (ουδ.)	[tsandáki kalindikón]
face powder	**πούδρα** (θηλ.)	[púðra]
powder compact	**πουδριέρα** (θηλ.)	[puðriéra]
blusher	**ρουζ** (ουδ.)	[ruz]
perfume (bottled)	**άρωμα** (ουδ.)	[ároma]
toilet water (lotion)	**κολόνια** (θηλ.)	[kolʲónia]
lotion	**λοσιόν** (θηλ.)	[lʲosión]
cologne	**κολόνια** (θηλ.)	[kolʲónia]
eyeshadow	**σκιά ματιών** (θηλ.)	[skiá matión]
eyeliner	**μολύβι ματιών** (ουδ.)	[molívi matión]
mascara	**μάσκαρα** (θηλ.)	[máskara]
lipstick	**κραγιόν** (ουδ.)	[krajión]
nail polish, enamel	**βερνίκι νυχιών** (ουδ.)	[verníki nixión]
hair spray	**λακ μαλλιών** (ουδ.)	[lʲak malión]
deodorant	**αποσμητικό** (ουδ.)	[apozmitikó]
cream	**κρέμα** (θηλ.)	[kréma]
face cream	**κρέμα προσώπου** (θηλ.)	[kréma prosópu]
hand cream	**κρέμα χεριών** (θηλ.)	[kréma xerión]
anti-wrinkle cream	**αντιρυτιδική κρέμα** (θηλ.)	[andiritiðikí kréma]
day cream	**κρέμα ημέρας** (θηλ.)	[kréma iméras]
night cream	**κρέμα νυκτός** (θηλ.)	[kréma niktós]
day (as adj)	**ημέρας**	[iméras]
night (as adj)	**νυκτός**	[niktós]
tampon	**ταμπόν** (ουδ.)	[tabón]
toilet paper (toilet roll)	**χαρτί υγείας** (ουδ.)	[xartí ijías]
hair dryer	**πιστολάκι** (ουδ.)	[pistolʲáki]

40. Watches. Clocks

watch (wristwatch)	**ρολόι χειρός** (ουδ.)	[rolʲój xirós]
dial	**πλάκα ρολογιού** (θηλ.)	[plʲáka rolʲojú]
hand (of clock, watch)	**δείκτης** (αρ.)	[ðíktis]
metal watch band	**μπρασελέ** (ουδ.)	[braselé]

watch strap	**λουράκι** (ουδ.)	[lʲuráki]
battery	**μπαταρία** (θηλ.)	[bataría]
to be dead (battery)	**εξαντλούμαι**	[eksantlʲúme]
to change a battery	**αλλάζω μπαταρία**	[alʲázo bataría]
to run fast	**πηγαίνω μπροστά**	[pijéno brostá]
to run slow	**πηγαίνω πίσω**	[pijéno píso]
wall clock	**ρολόι τοίχου** (ουδ.)	[rolʲój tíxu]
hourglass	**κλεψύδρα** (θηλ.)	[klepsíðra]
sundial	**ηλιακό ρολόι** (ουδ.)	[iliakó rolʲój]
alarm clock	**ξυπνητήρι** (ουδ.)	[ksipnitíri]
watchmaker	**ωρολογοποιός** (αρ.)	[orolʲoɣopiós]
to repair (vt)	**επισκευάζω**	[episkevázo]

T&P BOOKS

EVERYDAY EXPERIENCE

T&P Books Publishing

41. Money

money	**χρήματα** (ουδ.πλ.)	[xrímata]
currency exchange	**ανταλλαγή** (θηλ.)	[andalʲaʝí]
exchange rate	**ισοτιμία** (θηλ.)	[isotimía]
ATM	**ATM** (ουδ.)	[eitiém]
coin	**κέρμα** (ουδ.)	[kérma]
dollar	**δολάριο** (ουδ.)	[ðolʲário]
euro	**ευρώ** (ουδ.)	[evró]
lira	**λίρα** (θηλ.)	[líra]
Deutschmark	**μάρκο** (ουδ.)	[márko]
franc	**φράγκο** (ουδ.)	[frángo]
pound sterling	**στερλίνα** (θηλ.)	[sterlína]
yen	**γιεν** (ουδ.)	[ʝén]
debt	**χρέος** (ουδ.)	[xréos]
debtor	**χρεώστης** (αρ.)	[xreóstis]
to lend (money)	**δανείζω**	[ðanízo]
to borrow (vi, vt)	**δανείζομαι**	[ðanízome]
bank	**τράπεζα** (θηλ.)	[trápeza]
account	**λογαριασμός** (αρ.)	[lʲoɣariazmós]
to deposit (vt)	**καταθέτω**	[kataθéto]
to deposit into the account	**καταθέτω στο λογαριασμό**	[kataθéto sto lʲoɣariazmó]
to withdraw (vt)	**κάνω ανάληψη**	[káno análipsi]
credit card	**πιστωτική κάρτα** (θηλ.)	[pistotikí kárta]
cash	**μετρητά** (ουδ.πλ.)	[metritá]
check	**επιταγή** (θηλ.)	[epitaʝí]
to write a check	**κόβω επιταγή**	[kóvo epitaʝí]
checkbook	**βιβλιάριο επιταγών** (ουδ.)	[vivliário epitaɣón]
wallet	**πορτοφόλι** (ουδ.)	[portofóli]
change purse	**πορτοφόλι** (ουδ.)	[portofóli]
safe	**χρηματοκιβώτιο** (ουδ.)	[xrimatokivótio]
heir	**κληρονόμος** (αρ.)	[klironómos]
inheritance	**κληρονομιά** (θηλ.)	[klironomiá]
fortune (wealth)	**περιουσία** (θηλ.)	[periusía]
lease	**σύμβαση μίσθωσης** (θηλ.)	[símvasi mísθosis]
rent (money)	**ενοίκιο** (ουδ.)	[eníkio]
to rent (sth from sb)	**νοικιάζω**	[nikiázo]

price	**τιμή** (θηλ.)	[timí]
cost	**κόστος** (ουδ.)	[kóstos]
sum	**ποσό** (ουδ.)	[posó]
to spend (vt)	**ξοδεύω**	[ksoðévo]
expenses	**έξοδα** (ουδ.πλ.)	[éksoða]
to economize (vi, vt)	**κάνω οικονομία**	[káno ikonomía]
economical	**οικονομικός**	[ikonomikós]
to pay (vi, vt)	**πληρώνω**	[pliróno]
payment	**αμοιβή** (θηλ.)	[amiví]
change (give the ~)	**ρέστα** (ουδ.πλ.)	[résta]
tax	**φόρος** (αρ.)	[fóros]
fine	**πρόστιμο** (ουδ.)	[próstimo]
to fine (vt)	**επιβάλλω πρόστιμο**	[epiválʲo próstimo]

42. Post. Postal service

post office	**ταχυδρομείο** (ουδ.)	[taxiðromío]
mail (letters, etc.)	**ταχυδρομείο** (ουδ.)	[taxiðromío]
mailman	**ταχυδρόμος** (αρ.)	[taxiðrómos]
opening hours	**ώρες λειτουργίας** (θηλ.πλ.)	[óres liturȷías]
letter	**γράμμα** (ουδ.)	[ɣráma]
registered letter	**συστημένο γράμμα** (ουδ.)	[sistiméno ɣráma]
postcard	**κάρτα** (θηλ.)	[kárta]
telegram	**τηλεγράφημα** (ουδ.)	[tileɣráfima]
package (parcel)	**δέμα** (ουδ.)	[ðéma]
money transfer	**έμβασμα** (ουδ.)	[émvazma]
to receive (vt)	**λαμβάνω**	[lʲamváno]
to send (vt)	**στέλνω**	[stélʲno]
sending	**αποστολή** (θηλ.)	[apostolí]
address	**διεύθυνση** (θηλ.)	[ðiéfθinsi]
ZIP code	**ταχυδρομικός κώδικας** (αρ.)	[taxiðromikós kóðikas]
sender	**αποστολέας** (αρ.)	[apostoléas]
receiver	**παραλήπτης** (αρ.)	[paralíptis]
name (first name)	**όνομα** (ουδ.)	[ónoma]
surname (last name)	**επώνυμο** (ουδ.)	[epónimo]
postage rate	**ταχυδρομικό τέλος** (ουδ.)	[taxiðromikó télʲos]
standard (adj)	**κανονικός**	[kanonikós]
economical (adj)	**οικονομικός**	[ikonomikós]
weight	**βάρος** (ουδ.)	[város]
to weigh (~ letters)	**ζυγίζω**	[ziȷízo]

envelope	**φάκελος** (αρ.)	[fákelʲos]
postage stamp	**γραμματόσημο** (ουδ.)	[ɣramatósimo]
to stamp an envelope	**βάζω γραμματόσημο**	[vázo ɣramatósimo]

43. Banking

bank	**τράπεζα** (θηλ.)	[trápeza]
branch (of bank, etc.)	**κατάστημα** (ουδ.)	[katástima]
bank clerk, consultant	**υπάλληλος** (αρ.)	[ipálilʲos]
manager (director)	**διευθυντής** (αρ.)	[ðiefθindís]
bank account	**λογαριασμός** (αρ.)	[lʲoɣariazmós]
account number	**αριθμός λογαριασμού** (αρ.)	[ariθmós lʲoɣariazmú]
checking account	**τρεχούμενος λογαριασμός** (αρ.)	[trexúmenos lʲoɣariazmós]
savings account	**λογαριασμός ταμιευτηρίου** (αρ.)	[lʲoɣariazmós tamieftiríu]
to open an account	**ανοίγω λογαριασμό**	[aníɣo lʲoɣariazmó]
to close the account	**κλείνω λογαριασμό**	[klíno lʲoɣariazmó]
to deposit into the account	**καταθέτω στο λογαριασμό**	[kataθéto sto lʲoɣariazmó]
to withdraw (vt)	**κάνω ανάληψη**	[káno análipsi]
deposit	**κατάθεση** (θηλ.)	[katáθesi]
to make a deposit	**καταθέτω**	[kataθéto]
wire transfer	**έμβασμα** (ουδ.)	[émvazma]
to wire, to transfer	**εμβάζω**	[emvázo]
sum	**ποσό** (ουδ.)	[posó]
How much?	**Πόσο κάνει;**	póso káni?
signature	**υπογραφή** (θηλ.)	[ipoɣrafí]
to sign (vt)	**υπογράφω**	[ipoɣráfo]
credit card	**πιστωτική κάρτα** (θηλ.)	[pistotikí kárta]
code (PIN code)	**κωδικός** (αρ.)	[koðikós]
credit card number	**αριθμός πιστωτικής κάρτας** (αρ.)	[ariθmós pistotikís kártas]
ATM	**ATM** (ουδ.)	[eitiém]
check	**επιταγή** (θηλ.)	[epitaʝí]
to write a check	**κόβω επιταγή**	[kóvo epitaʝí]
checkbook	**βιβλιάριο επιταγών** (ουδ.)	[vivliário epitaɣón]
loan (bank ~)	**δάνειο** (ουδ.)	[ðánio]
to apply for a loan	**υποβάλλω αίτηση για δάνειο**	[ipovália étisi ʝa ðánio]

to get a loan	**παίρνω δάνειο**	[pérno ðánio]
to give a loan	**παρέχω δάνειο**	[paréxo ðánio]
guarantee	**εγγύηση** (θηλ.)	[engíisi]

44. Telephone. Phone conversation

telephone	**τηλέφωνο** (ουδ.)	[tiléfono]
cell phone	**κινητό τηλέφωνο** (ουδ.)	[kinitó tiléfono]
answering machine	**τηλεφωνητής** (αρ.)	[tilefonitís]
to call (by phone)	**τηλεφωνώ**	[tilefonó]
phone call	**κλήση** (θηλ.)	[klísi]
to dial a number	**καλώ έναν αριθμό**	[kalʲó énan ariθmó]
Hello!	**Εμπρός!**	[embrós]
to ask (vt)	**ρωτάω**	[rotáo]
to answer (vi, vt)	**απαντώ**	[apandó]
to hear (vt)	**ακούω**	[akúo]
well (adv)	**καλά**	[kalʲá]
not well (adv)	**χάλια**	[xália]
noises (interference)	**παρεμβολές** (θηλ.πλ.)	[paremvolés]
receiver	**ακουστικό** (ουδ.)	[akustikó]
to pick up (~ the phone)	**σηκώνω το ακουστικό**	[sikóno to akustikó]
to hang up (~ the phone)	**κλείνω το τηλεφώνο**	[klíno to tiléfono]
busy (engaged)	**κατειλημμένος**	[katiliménos]
to ring (ab. phone)	**χτυπάω**	[xtipáo]
telephone book	**τηλεφωνικός κατάλογος** (αρ.)	[tilefonikós katálʲoɣos]
local (adj)	**τοπική**	[topikí]
local call	**τοπική κλήση** (θηλ.)	[topikí klísi]
long distance (~ call)	**υπεραστική**	[iperastikí]
long-distance call	**υπεραστική κλήση** (θηλ.)	[iperastikí klísi]
international (adj)	**διεθνής**	[ðieθnís]
international call	**διεθνής κλήση** (θηλ.)	[ðieθnís klísi]

45. Cell phone

cell phone	**κινητό τηλέφωνο** (ουδ.)	[kinitó tiléfono]
display	**οθόνη** (θηλ.)	[oθóni]
button	**κουμπί** (ουδ.)	[kumbí]
SIM card	**κάρτα SIM** (θηλ.)	[kárta sim]
battery	**μπαταρία** (θηλ.)	[bataría]
to be dead (battery)	**εξαντλούμαι**	[eksantlʲúme]

charger	**φορτιστής** (αρ.)	[fortistís]
menu	**μενού** (ουδ.)	[menú]
settings	**ρυθμίσεις** (θηλ.πλ.)	[riθmísis]
tune (melody)	**μελωδία** (θηλ.)	[melʲoðía]
to select (vt)	**επιλέγω**	[epiléɣo]
calculator	**αριθμομηχανή** (θηλ.)	[ariθmomixaní]
voice mail	**τηλεφωνητής** (αρ.)	[tilefonitís]
alarm clock	**ξυπνητήρι** (ουδ.)	[ksipnitíri]
contacts	**επαφές** (θηλ.πλ.)	[epafés]
SMS (text message)	**μήνυμα SMS** (ουδ.)	[mínima esemés]
subscriber	**συνδρομητής** (αρ.)	[sinðromitís]

46. Stationery

ballpoint pen	**στιλό διαρκείας** (ουδ.)	[stilʲó ðiarkías]
fountain pen	**πέννα** (θηλ.)	[péna]
pencil	**μολύβι** (ουδ.)	[molívi]
highlighter	**μαρκαδόρος** (αρ.)	[markaðóros]
felt-tip pen	**μαρκαδόρος** (αρ.)	[markaðóros]
notepad	**μπλοκ** (ουδ.)	[blʲok]
agenda (diary)	**ατζέντα** (θηλ.)	[adzénda]
ruler	**χάρακας** (αρ.)	[xárakas]
calculator	**αριθμομηχανή** (θηλ.)	[ariθmomixaní]
eraser	**γόμα** (θηλ.)	[ɣóma]
thumbtack	**πινέζα** (θηλ.)	[pinéza]
paper clip	**συνδετήρας** (αρ.)	[sinðetíras]
glue	**κόλλα** (θηλ.)	[kólʲa]
stapler	**συρραπτικό** (ουδ.)	[siraptikó]
hole punch	**περφορατέρ** (ουδ.)	[perforatér]
pencil sharpener	**ξύστρα** (θηλ.)	[ksístra]

47. Foreign languages

language	**γλώσσα** (θηλ.)	[ɣlʲósa]
foreign (adj)	**ξένος**	[ksénos]
foreign language	**ξένη γλώσσα** (θηλ.)	[kséni ɣlósa]
to study (vt)	**μελετάω**	[meletáo]
to learn (language, etc.)	**μαθαίνω**	[maθéno]
to read (vi, vt)	**διαβάζω**	[ðiavázo]
to speak (vi, vt)	**μιλάω**	[milʲáo]
to understand (vt)	**καταλαβαίνω**	[katalʲavéno]

to write (vt)	**γράφω**	[ɣráfo]
fast (adv)	**γρήγορα**	[ɣríɣora]
slowly (adv)	**αργά**	[arɣá]
fluently (adv)	**ευφράδεια**	[effráðia]
rules	**κανόνες** (αρ.πλ.)	[kanónes]
grammar	**γραμματική** (θηλ.)	[ɣramatikí]
vocabulary	**λεξιλόγιο** (ουδ.)	[leksilʲójo]
phonetics	**φωνητική** (θηλ.)	[fonitikí]
textbook	**σχολικό βιβλίο** (ουδ.)	[sxolikó vivlío]
dictionary	**λεξικό** (ουδ.)	[leksikó]
teach-yourself book	**εγχειρίδιο αυτοδιδασκαλίας** (ουδ.)	[enxiríðio aftoðiðaskalías]
phrasebook	**βιβλίο φράσεων** (ουδ.)	[vivlío fráseon]
cassette, tape	**κασέτα** (θηλ.)	[kaséta]
videotape	**βιντεοκασέτα** (θηλ.)	[videokaséta]
CD, compact disc	**συμπαγής δίσκος** (αρ.)	[simpajís ðískos]
DVD	**DVD** (ουδ.)	[dividí]
alphabet	**αλφάβητος** (θηλ.)	[alʲfávitos]
to spell (vt)	**συλλαβίζω**	[silʲavízo]
pronunciation	**προφορά** (θηλ.)	[proforá]
accent	**προφορά** (θηλ.)	[proforá]
with an accent	**με προφορά**	[me proforá]
without an accent	**χωρίς προφορά**	[xorís proforá]
word	**λέξη** (θηλ.)	[léksi]
meaning	**σημασία** (θηλ.)	[simasía]
course (e.g., a French ~)	**μαθήματα** (ουδ.πλ.)	[maθímata]
to sign up	**γράφομαι**	[ɣráfome]
teacher	**καθηγητής** (αρ.)	[kaθijitís]
translation (process)	**μετάφραση** (θηλ.)	[metáfrasi]
translation (text, etc.)	**μετάφραση** (θηλ.)	[metáfrasi]
translator	**μεταφραστής** (αρ.)	[metafrastís]
interpreter	**διερμηνέας** (αρ.)	[ðierminéas]
polyglot	**πολύγλωσσος** (αρ.)	[políɣlʲosos]
memory	**μνήμη** (θηλ.)	[mními]

T&P BOOKS

MEALS. RESTAURANT

T&P Books Publishing

48. Table setting

spoon	**κουτάλι** (ουδ.)	[kutáli]
knife	**μαχαίρι** (ουδ.)	[maxéri]
fork	**πιρούνι** (ουδ.)	[pirúni]
cup (e.g., coffee ~)	**φλιτζάνι** (ουδ.)	[flidzáni]
plate (dinner ~)	**πιάτο** (ουδ.)	[piáto]
saucer	**πιατάκι** (ουδ.)	[piatáki]
napkin (on table)	**χαρτοπετσέτα** (θηλ.)	[xartopetséta]
toothpick	**οδοντογλυφίδα** (θηλ.)	[oðondoɣlifíða]

49. Restaurant

restaurant	**εστιατόριο** (ουδ.)	[estiatório]
coffee house	**καφετέρια** (θηλ.)	[kafetéria]
pub, bar	**μπαρ** (ουδ.), **μπυραρία** (θηλ.)	[bar], [biraría]
tearoom	**τσαγερί** (θηλ.)	[tsaʝerí]
waiter	**σερβιτόρος** (αρ.)	[servitóros]
waitress	**σερβιτόρα** (θηλ.)	[servitóra]
bartender	**μπάρμαν** (αρ.)	[bárman]
menu	**κατάλογος** (αρ.)	[katálʲoɣos]
wine list	**κατάλογος κρασιών** (αρ.)	[katálʲoɣos krasión]
to book a table	**κλείνω τραπέζι**	[klíno trapézi]
course, dish	**πιάτο** (ουδ.)	[piáto]
to order (meal)	**παραγγέλνω**	[parangélʲno]
to make an order	**κάνω παραγγελία**	[káno parangelía]
aperitif	**απεριτίφ** (ουδ.)	[aperitíf]
appetizer	**ορεκτικό** (ουδ.)	[orektikó]
dessert	**επιδόρπιο** (ουδ.)	[epiðórpio]
check	**λογαριασμός** (αρ.)	[lʲoɣariazmós]
to pay the check	**πληρώνω λογαριασμό**	[pliróno lʲoɣariazmó]
to give change	**δίνω τα ρέστα**	[ðíno ta résta]
tip	**πουρμπουάρ** (ουδ.)	[purbuár]

50. Meals

food	**τροφή** (θηλ.), **φαγητό** (ουδ.)	[trofí], [faʝitó]
to eat (vi, vt)	**τρώω**	[tróo]
breakfast	**πρωινό** (ουδ.)	[proinó]
to have breakfast	**παίρνω πρωινό**	[pérno proinó]
lunch	**μεσημεριανό** (ουδ.)	[mesimerianó]
to have lunch	**τρώω μεσημεριανό**	[tróo mesimerianó]
dinner	**δείπνο** (ουδ.)	[ðípno]
to have dinner	**τρώω βραδινό**	[tróo vraðinó]
appetite	**όρεξη** (θηλ.)	[óreksi]
Enjoy your meal!	**Καλή όρεξη!**	[kalí óreksi]
to open (~ a bottle)	**ανοίγω**	[aníɣo]
to spill (liquid)	**χύνω**	[xíno]
to spill out (vi)	**χύνομαι**	[xínome]
to boil (vi)	**βράζω**	[vrázo]
to boil (vt)	**βράζω**	[vrázo]
boiled (~ water)	**βρασμένος**	[vrazménos]
to chill, cool down (vt)	**κρυώνω**	[krióno]
to chill (vi)	**κρυώνω**	[krióno]
taste, flavor	**γεύση** (θηλ.)	[ʝéfsi]
aftertaste	**επίγευση** (θηλ.)	[epíʝefsi]
to slim down (lose weight)	**αδυνατίζω**	[aðinatízo]
diet	**δίαιτα** (θηλ.)	[ðíeta]
vitamin	**βιταμίνη** (θηλ.)	[vitamíni]
calorie	**θερμίδα** (θηλ.)	[θermíða]
vegetarian (n)	**χορτοφάγος** (αρ.)	[xortofáɣos]
vegetarian (adj)	**χορτοφάγος**	[xortofáɣos]
fats (nutrient)	**λίπη** (ουδ.πλ.)	[lípi]
proteins	**πρωτεΐνες** (θηλ.πλ.)	[proteínes]
carbohydrates	**υδατάνθρακες** (αρ.πλ.)	[iðatánθrakes]
slice (of lemon, ham)	**φέτα** (θηλ.)	[féta]
piece (of cake, pie)	**κομμάτι** (ουδ.)	[komáti]
crumb (of bread, cake, etc.)	**ψίχουλο** (ουδ.)	[psíxulʲo]

51. Cooked dishes

course, dish	**πιάτο** (ουδ.)	[piáto]
cuisine	**κουζίνα** (θηλ.)	[kuzína]
recipe	**συνταγή** (θηλ.)	[sindaʝí]
portion	**μερίδα** (θηλ.)	[meríða]

salad	**σαλάτα** (θηλ.)	[salʲáta]
soup	**σούπα** (θηλ.)	[súpa]
clear soup (broth)	**ζωμός** (αρ.)	[zomós]
sandwich (bread)	**σάντουιτς** (ουδ.)	[sánduits]
fried eggs	**τηγανητά αυγά** (ουδ.πλ.)	[tiɣanitá avɣá]
hamburger (beefburger)	**χάμπουργκερ** (ουδ.)	[xámburger]
beefsteak	**μπριζόλα** (θηλ.)	[brizólʲa]
side dish	**συνοδευτικό πιάτο** (ουδ.)	[sinoðeftikó piáto]
spaghetti	**σπαγγέτι** (ουδ.)	[spagéti]
mashed potatoes	**πουρές** (αρ.)	[purés]
pizza	**πίτσα** (θηλ.)	[pítsa]
porridge (oatmeal, etc.)	**πόριτζ** (ουδ.)	[póridz]
omelet	**ομελέτα** (θηλ.)	[omeléta]
boiled (e.g., ~ beef)	**βραστός**	[vrastós]
smoked (adj)	**καπνιστός**	[kapnistós]
fried (adj)	**τηγανητός**	[tiɣanitós]
dried (adj)	**αποξηραμένος**	[apoksiraménos]
frozen (adj)	**κατεψυγμένος**	[katepsiɣménos]
pickled (adj)	**τουρσί**	[tursí]
sweet (sugary)	**γλυκός**	[ɣlikós]
salty (adj)	**αλμυρός**	[alʲmirós]
cold (adj)	**κρύος**	[kríos]
hot (adj)	**ζεστός**	[zestós]
bitter (adj)	**πικρός**	[pikrós]
tasty (adj)	**νόστιμος**	[nóstimos]
to cook in boiling water	**βράζω**	[vrázo]
to cook (dinner)	**μαγειρεύω**	[majirévo]
to fry (vt)	**τηγανίζω**	[tiɣanízo]
to heat up (food)	**ζεσταίνω**	[zesténo]
to salt (vt)	**αλατίζω**	[alʲatízo]
to pepper (vt)	**πιπερώνω**	[piperóno]
to grate (vt)	**τρίβω**	[trívo]
peel (n)	**φλούδα** (θηλ.)	[flʲúða]
to peel (vt)	**καθαρίζω**	[kaθarízo]

52. Food

meat	**κρέας** (ουδ.)	[kréas]
chicken	**κότα** (θηλ.)	[kóta]
Rock Cornish hen (poussin)	**κοτόπουλο** (ουδ.)	[kotópulʲo]
duck	**πάπια** (θηλ.)	[pápia]
goose	**χήνα** (θηλ.)	[xína]

game	**θήραμα** (ουδ.)	[θírama]
turkey	**γαλοπούλα** (θηλ.)	[ɣalʲopúlʲa]
pork	**χοιρινό κρέας** (ουδ.)	[xirinó kréas]
veal	**μοσχαρίσιο κρέας** (ουδ.)	[mosxarísio kréas]
lamb	**αρνήσιο κρέας** (ουδ.)	[arnísio kréas]
beef	**βοδινό κρέας** (ουδ.)	[voðinó kréas]
rabbit	**κουνέλι** (ουδ.)	[kunéli]
sausage (bologna, etc.)	**λουκάνικο** (ουδ.)	[lʲukániko]
vienna sausage (frankfurter)	**λουκάνικο** (ουδ.)	[lʲukániko]
bacon	**μπέικον** (ουδ.)	[béjkon]
ham	**ζαμπόν** (ουδ.)	[zabón]
gammon	**καπνιστό χοιρομέρι** (ουδ.)	[kapnistó xiroméri]
pâté	**πατέ** (ουδ.)	[paté]
liver	**συκώτι** (ουδ.)	[sikóti]
hamburger (ground beef)	**κιμάς** (αρ.)	[kimás]
tongue	**γλώσσα** (θηλ.)	[ɣlʲósa]
egg	**αυγό** (ουδ.)	[avɣó]
eggs	**αυγά** (ουδ.πλ.)	[avɣá]
egg white	**ασπράδι** (ουδ.)	[aspráði]
egg yolk	**κρόκος** (αρ.)	[krókos]
fish	**ψάρι** (ουδ.)	[psári]
seafood	**θαλασσινά** (θηλ.πλ.)	[θalʲasiná]
crustaceans	**μαλακόστρακα** (ουδ.πλ.)	[malʲakóstraka]
caviar	**χαβιάρι** (ουδ.)	[xaviári]
crab	**καβούρι** (ουδ.)	[kavúri]
shrimp	**γαρίδα** (θηλ.)	[ɣaríða]
oyster	**στρείδι** (ουδ.)	[stríði]
spiny lobster	**ακανθωτός αστακός** (αρ.)	[akanθotós astakós]
octopus	**χταπόδι** (ουδ.)	[xtapóði]
squid	**καλαμάρι** (ουδ.)	[kalʲamári]
sturgeon	**οξύρυγχος** (αρ.)	[oksírinxos]
salmon	**σολομός** (αρ.)	[solʲomós]
halibut	**ιππόγλωσσος** (αρ.)	[ipóɣlʲosos]
cod	**μπακαλιάρος** (αρ.)	[bakaliáros]
mackerel	**σκουμπρί** (ουδ.)	[skumbrí]
tuna	**τόνος** (αρ.)	[tónos]
eel	**χέλι** (ουδ.)	[xéli]
trout	**πέστροφα** (θηλ.)	[péstrofa]
sardine	**σαρδέλα** (θηλ.)	[sarðélʲa]
pike	**λούτσος** (αρ.)	[lʲútsos]
herring	**ρέγγα** (θηλ.)	[rénga]
bread	**ψωμί** (ουδ.)	[psomí]

cheese	**τυρί** (ουδ.)	[tirí]
sugar	**ζάχαρη** (θηλ.)	[záxari]
salt	**αλάτι** (ουδ.)	[alʲáti]
rice	**ρύζι** (ουδ.)	[rízi]
pasta (macaroni)	**ζυμαρικά** (ουδ.πλ.)	[zimariká]
noodles	**νουντλς** (ουδ.πλ.)	[nudls]
butter	**βούτυρο** (ουδ.)	[vútiro]
vegetable oil	**φυτικό λάδι** (ουδ.)	[fitikó lʲáði]
sunflower oil	**ηλιέλαιο** (ουδ.)	[iliéleo]
margarine	**μαργαρίνη** (θηλ.)	[marɣaríni]
olives	**ελιές** (θηλ.πλ.)	[eliés]
olive oil	**ελαιόλαδο** (ουδ.)	[eleólʲaðo]
milk	**γάλα** (ουδ.)	[ɣálʲa]
condensed milk	**συμπυκνωμένο γάλα** (ουδ.)	[simbiknoméno ɣálʲa]
yogurt	**γιαούρτι** (ουδ.)	[ʝaúrti]
sour cream	**ξινή κρέμα** (θηλ.)	[ksiní kréma]
cream (of milk)	**κρέμα γάλακτος** (θηλ.)	[kréma ɣálʲaktos]
mayonnaise	**μαγιονέζα** (θηλ.)	[maʝonéza]
buttercream	**κρέμα** (θηλ.)	[kréma]
groats (barley ~, etc.)	**πλιγούρι** (ουδ.)	[pliɣúri]
flour	**αλεύρι** (ουδ.)	[alévri]
canned food	**κονσέρβες** (θηλ.πλ.)	[konsérves]
cornflakes	**κορν φλέικς** (ουδ.πλ.)	[kornfléjks]
honey	**μέλι** (ουδ.)	[méli]
jam	**μαρμελάδα** (θηλ.)	[marmelʲáða]
chewing gum	**τσίχλα** (θηλ.)	[tsíxlʲa]

53. Drinks

water	**νερό** (ουδ.)	[neró]
drinking water	**πόσιμο νερό** (ουδ.)	[pósimo neró]
mineral water	**μεταλλικό νερό** (ουδ.)	[metalikó neró]
still (adj)	**χωρίς ανθρακικό**	[xorís anθrakikó]
carbonated (adj)	**ανθρακούχος**	[anθrakúxos]
sparkling (adj)	**ανθρακούχο**	[anθrakúxo]
ice	**πάγος** (αρ.)	[páɣos]
with ice	**με πάγο**	[me páɣo]
non-alcoholic (adj)	**χωρίς αλκοόλ**	[xorís alʲkoólʲ]
soft drink	**αναψυκτικό** (ουδ.)	[anapsiktikó]
refreshing drink	**αναψυκτικό** (ουδ.)	[anapsiktikó]

lemonade	**λεμονάδα** (θηλ.)	[lemonáða]
liquors	**αλκοολούχα ποτά** (ουδ.πλ.)	[alʲkoolʲúxa potá]
wine	**κρασί** (ουδ.)	[krasí]
white wine	**λευκό κρασί** (ουδ.)	[lefkó krasí]
red wine	**κόκκινο κρασί** (ουδ.)	[kókino krasí]
liqueur	**λικέρ** (ουδ.)	[likér]
champagne	**σαμπάνια** (θηλ.)	[sambánia]
vermouth	**βερμούτ** (ουδ.)	[vermút]
whiskey	**ουίσκι** (ουδ.)	[wíski]
vodka	**βότκα** (θηλ.)	[vótka]
gin	**τζιν** (ουδ.)	[dzin]
cognac	**κονιάκ** (ουδ.)	[konják]
rum	**ρούμι** (ουδ.)	[rúmi]
coffee	**καφές** (αρ.)	[kafés]
black coffee	**σκέτος καφές** (αρ.)	[skétos kafés]
coffee with milk	**καφές με γάλα** (αρ.)	[kafés me ɣálʲa]
cappuccino	**καπουτσίνο** (αρ.)	[kaputsíno]
instant coffee	**στιγμιαίος καφές** (αρ.)	[stiɣmiéos kafes]
milk	**γάλα** (ουδ.)	[ɣálʲa]
cocktail	**κοκτέιλ** (ουδ.)	[koktéjlʲ]
milkshake	**μιλκσέικ** (ουδ.)	[milʲkséjk]
juice	**χυμός** (αρ.)	[ximós]
tomato juice	**χυμός ντομάτας** (αρ.)	[ximós domátas]
orange juice	**χυμός πορτοκαλιού** (αρ.)	[ximós portokaliú]
freshly squeezed juice	**φρέσκος χυμός** (αρ.)	[fréskos ximós]
beer	**μπύρα** (θηλ.)	[bíra]
light beer	**ανοιχτόχρωμη μπύρα** (θηλ.)	[anixtóxromi bíra]
dark beer	**σκούρα μπύρα** (θηλ.)	[skúra bíra]
tea	**τσάι** (ουδ.)	[tsáj]
black tea	**μαύρο τσάι** (ουδ.)	[mávro tsaj]
green tea	**πράσινο τσάι** (ουδ.)	[prásino tsaj]

54. Vegetables

vegetables	**λαχανικά** (ουδ.πλ.)	[lʲaxaniká]
greens	**χόρτα** (ουδ.)	[xórta]
tomato	**ντομάτα** (θηλ.)	[domáta]
cucumber	**αγγούρι** (ουδ.)	[angúri]
carrot	**καρότο** (ουδ.)	[karóto]
potato	**πατάτα** (θηλ.)	[patáta]
onion	**κρεμμύδι** (ουδ.)	[kremíði]

garlic	**σκόρδο** (ουδ.)	[skórðo]
cabbage	**λάχανο** (ουδ.)	[lʲáxano]
cauliflower	**κουνουπίδι** (ουδ.)	[kunupíði]
Brussels sprouts	**λαχανάκι Βρυξελλών** (ουδ.)	[lʲaxanáki vrikselʲón]
broccoli	**μπρόκολο** (ουδ.)	[brókolʲo]
beet	**παντζάρι** (ουδ.)	[pandzári]
eggplant	**μελιτζάνα** (θηλ.)	[melidzána]
zucchini	**κολοκύθι** (ουδ.)	[kolʲokíθi]
pumpkin	**κολοκύθα** (θηλ.)	[kolʲokíθa]
turnip	**γογγύλι** (ουδ.), **ρέβα** (θηλ.)	[ɣongíli], [réva]
parsley	**μαϊντανός** (αρ.)	[majdanós]
dill	**άνηθος** (αρ.)	[ániθos]
lettuce	**μαρούλι** (ουδ.)	[marúli]
celery	**σέλινο** (ουδ.)	[sélino]
asparagus	**σπαράγγι** (ουδ.)	[sparángi]
spinach	**σπανάκι** (ουδ.)	[spanáki]
pea	**αρακάς** (αρ.)	[arakás]
beans	**κουκί** (ουδ.)	[kukí]
corn (maize)	**καλαμπόκι** (ουδ.)	[kalʲambóki]
kidney bean	**κόκκινο φασόλι** (ουδ.)	[kókino fasóli]
bell pepper	**πιπεριά** (θηλ.)	[piperiá]
radish	**ρεπανάκι** (ουδ.)	[repanáki]
artichoke	**αγκινάρα** (θηλ.)	[anginára]

55. Fruits. Nuts

fruit	**φρούτο** (ουδ.)	[frúto]
apple	**μήλο** (ουδ.)	[mílʲo]
pear	**αχλάδι** (ουδ.)	[axlʲáði]
lemon	**λεμόνι** (ουδ.)	[lemóni]
orange	**πορτοκάλι** (ουδ.)	[portokáli]
strawberry (garden ~)	**φράουλα** (θηλ.)	[fráulʲa]
mandarin	**μανταρίνι** (ουδ.)	[mandaríni]
plum	**δαμάσκηνο** (ουδ.)	[ðamáskino]
peach	**ροδάκινο** (ουδ.)	[roðákino]
apricot	**βερίκοκο** (ουδ.)	[veríkoko]
raspberry	**σμέουρο** (ουδ.)	[zméuro]
pineapple	**ανανάς** (αρ.)	[ananás]
banana	**μπανάνα** (θηλ.)	[banána]
watermelon	**καρπούζι** (ουδ.)	[karpúzi]
grape	**σταφύλι** (ουδ.)	[stafíli]
sour cherry	**βύσσινο** (ουδ.)	[vísino]
sweet cherry	**κεράσι** (ουδ.)	[kerási]

melon	**πεπόνι** (ουδ.)	[pepóni]
grapefruit	**γκρέιπφρουτ** (ουδ.)	[gréjpfrut]
avocado	**αβοκάντο** (ουδ.)	[avokádo]
papaya	**παπάγια** (θηλ.)	[papáʝa]
mango	**μάγκο** (ουδ.)	[mángo]
pomegranate	**ρόδι** (ουδ.)	[róði]
redcurrant	**κόκκινο φραγκοστάφυλο** (ουδ.)	[kókino frangostáfilʲo]
blackcurrant	**μαύρο φραγκοστάφυλο** (ουδ.)	[mávro frangostáfilʲo]
gooseberry	**λαγοκέρασο** (ουδ.)	[lʲaɣokéraso]
bilberry	**μύρτιλλο** (ουδ.)	[mírtilʲo]
blackberry	**βατόμουρο** (ουδ.)	[vatómuro]
raisin	**σταφίδα** (θηλ.)	[stafíða]
fig	**σύκο** (ουδ.)	[síko]
date	**χουρμάς** (αρ.)	[xurmás]
peanut	**φυστίκι** (ουδ.)	[fistíki]
almond	**αμύγδαλο** (ουδ.)	[amíɣðalʲo]
walnut	**καρύδι** (ουδ.)	[karíði]
hazelnut	**φουντούκι** (ουδ.)	[fundúki]
coconut	**καρύδα** (θηλ.)	[karíða]
pistachios	**φυστίκια** (ουδ.πλ.)	[fistíkia]

56. Bread. Candy

bakers' confectionery (pastry)	**ζαχαροπλαστική** (θηλ.)	[zaxaroplʲastikí]
bread	**ψωμί** (ουδ.)	[psomí]
cookies	**μπισκότο** (ουδ.)	[biskóto]
chocolate (n)	**σοκολάτα** (θηλ.)	[sokolʲáta]
chocolate (as adj)	**σοκολατένιος**	[sokolʲaténios]
candy (wrapped)	**καραμέλα** (θηλ.)	[karamélʲa]
cake (e.g., cupcake)	**κέικ** (ουδ.)	[kéjk]
cake (e.g., birthday ~)	**τούρτα** (θηλ.)	[túrta]
pie (e.g., apple ~)	**πίτα** (θηλ.)	[píta]
filling (for cake, pie)	**γέμιση** (θηλ.)	[ʝémisi]
jam (whole fruit jam)	**μαρμελάδα** (θηλ.)	[marmelʲáða]
marmalade	**μαρμελάδα** (θηλ.)	[marmelʲáða]
wafers	**γκοφρέτες** (θηλ.πλ.)	[gofrétes]
ice-cream	**παγωτό** (ουδ.)	[paɣotó]
pudding	**πουτίγκα** (θηλ.)	[putínga]

57. Spices

salt	**αλάτι** (ουδ.)	[alʲáti]
salty (adj)	**αλμυρός**	[alʲmirós]
to salt (vt)	**αλατίζω**	[alʲatízo]
black pepper	**μαύρο πιπέρι** (ουδ.)	[mávro pipéri]
red pepper (milled ~)	**κόκκινο πιπέρι** (ουδ.)	[kókino pipéri]
mustard	**μουστάρδα** (θηλ.)	[mustárða]
horseradish	**χρένο** (ουδ.)	[xréno]
condiment	**μπαχαρικό** (ουδ.)	[baxarikó]
spice	**καρύκευμα** (ουδ.)	[karíkevma]
sauce	**σάλτσα** (θηλ.)	[sálʲtsa]
vinegar	**ξίδι** (ουδ.)	[ksíði]
anise	**γλυκάνισος** (αρ.)	[ɣlikánisos]
basil	**βασιλικός** (αρ.)	[vasilikós]
cloves	**γαρίφαλο** (ουδ.)	[ɣarífalʲo]
ginger	**πιπερόριζα** (θηλ.)	[piperóriza]
coriander	**κόλιανδρος** (αρ.)	[kólianðros]
cinnamon	**κανέλα** (θηλ.)	[kanélʲa]
sesame	**σουσάμι** (ουδ.)	[susámi]
bay leaf	**φύλλο δάφνης** (ουδ.)	[fílʲo ðáfnis]
paprika	**πάπρικα** (θηλ.)	[páprika]
caraway	**κύμινο** (ουδ.)	[kímino]
saffron	**σαφράν** (ουδ.)	[safrán]

T&P BOOKS

PERSONAL INFORMATION. FAMILY

58. Personal information. Forms

name (first name)	**όνομα** (ουδ.)	[ónoma]
surname (last name)	**επώνυμο** (ουδ.)	[epónimo]
date of birth	**ημερομηνία γέννησης** (θηλ.)	[imerominía ʝénisis]
place of birth	**τόπος γέννησης** (αρ.)	[tópos ʝénisis]
nationality	**εθνικότητα** (θηλ.)	[eθnikótita]
place of residence	**τόπος διαμονής** (αρ.)	[tópos ðiamonís]
country	**χώρα** (θηλ.)	[xóra]
profession (occupation)	**επάγγελμα** (ουδ.)	[epángelʲma]
gender, sex	**φύλο** (ουδ.)	[fílʲo]
height	**ύψος, μπόι** (ουδ.)	[ípsos], [bói]
weight	**βάρος** (ουδ.)	[város]

59. Family members. Relatives

mother	**μητέρα** (θηλ.)	[mitéra]
father	**πατέρας** (αρ.)	[patéras]
son	**γιός** (αρ.)	[ʝos]
daughter	**κόρη** (θηλ.)	[kóri]
younger daughter	**μικρότερη κόρη** (ουδ.)	[mikróteri kóri]
younger son	**μικρότερος γιός** (αρ.)	[mikróteros ʝos]
eldest daughter	**μεγαλύτερη κόρη** (θηλ.)	[meɣalíteri kóri]
eldest son	**μεγαλύτερος γιός** (αρ.)	[meɣalíteros ʝiós]
brother	**αδερφός** (αρ.)	[aðerfós]
elder brother	**μεγαλύτερος αδερφός** (αρ.)	[meɣalíteros aðerfós]
younger brother	**μικρότερος αδερφός** (αρ.)	[mikróteros aðerfós]
sister	**αδερφή** (θηλ.)	[aðerfí]
elder sister	**μεγαλύτερη αδερφή** (ουδ.)	[meɣalíteri aðerfí]
younger sister	**μικρότερη αδερφή** (ουδ.)	[mikróteri aðerfí]
cousin (masc.)	**ξάδερφος** (αρ.)	[ksáðerfos]
cousin (fem.)	**ξαδέρφη** (θηλ.)	[ksaðérfi]
mom, mommy	**μαμά** (θηλ.)	[mamá]
dad, daddy	**μπαμπάς** (αρ.)	[babás]
parents	**γονείς** (αρ.πλ.)	[ɣonís]
child	**παιδί** (ουδ.)	[peðí]
children	**παιδιά** (ουδ.πλ.)	[peðiá]

grandmother	**γιαγιά** (θηλ.)	[j̯aj̯á]
grandfather	**παπούς** (αρ.)	[papús]
grandson	**εγγονός** (αρ.)	[engonós]
granddaughter	**εγγονή** (θηλ.)	[engoní]
grandchildren	**εγγόνια** (ουδ.πλ.)	[engónia]
uncle	**θείος** (αρ.)	[θíos]
aunt	**θεία** (θηλ.)	[θía]
nephew	**ανιψιός** (αρ.)	[anipsiós]
niece	**ανιψιά** (θηλ.)	[anipsiá]
mother-in-law (wife's mother)	**πεθερά** (θηλ.)	[peθerá]
father-in-law (husband's father)	**πεθερός** (αρ.)	[peθerós]
son-in-law (daughter's husband)	**γαμπρός** (αρ.)	[ɣambrós]
stepmother	**μητριά** (θηλ.)	[mitriá]
stepfather	**πατριός** (αρ.)	[patriós]
infant	**βρέφος** (ουδ.)	[vréfos]
baby (infant)	**βρέφος** (ουδ.)	[vréfos]
little boy, kid	**νήπιο** (ουδ.)	[nípio]
wife	**γυναίκα** (θηλ.)	[j̯inéka]
husband	**άνδρας** (αρ.)	[ánðras]
spouse (husband)	**σύζυγος** (αρ.)	[síziɣos]
spouse (wife)	**σύζυγος** (θηλ.)	[síziɣos]
married (masc.)	**παντρεμένος**	[pandreménos]
married (fem.)	**παντρεμένη**	[pandreméni]
single (unmarried)	**ανύπαντρος**	[anípandros]
bachelor	**εργένης** (αρ.)	[erj̯énis]
divorced (masc.)	**χωρισμένος**	[xorizménos]
widow	**χήρα** (θηλ.)	[xíra]
widower	**χήρος** (αρ.)	[xíros]
relative	**συγγενής** (αρ.)	[singenís]
close relative	**κοντινός συγγενής** (αρ.)	[kondinós singenís]
distant relative	**μακρινός συγγενής** (αρ.)	[makrinós singenís]
relatives	**συγγενείς** (αρ.πλ.)	[singenís]
orphan (boy or girl)	**ορφανό** (ουδ.)	[orfanó]
guardian (of a minor)	**κηδεμόνας** (αρ.)	[kiðemónas]
to adopt (a boy)	**υιοθετώ**	[ioθetó]
to adopt (a girl)	**υιοθετώ**	[ioθetó]

60. Friends. Coworkers

friend (masc.)	**φίλος** (αρ.)	[fílʲos]
friend (fem.)	**φίλη** (θηλ.)	[fíli]

friendship	**φιλία** (θηλ.)	[filía]
to be friends	**κάνω φιλία**	[káno filía]
buddy (masc.)	**φίλος** (αρ.)	[fílʲos]
buddy (fem.)	**φιλενάδα** (θηλ.)	[filenáða]
partner	**συνέταιρος** (αρ.)	[sinéteros]
chief (boss)	**αφεντικό** (ουδ.)	[afendikó]
superior (n)	**προϊστάμενος** (αρ.)	[projstámenos]
owner, proprietor	**ιδιοκτήτης** (αρ.)	[iðioktítis]
subordinate (n)	**υφιστάμενος** (αρ.)	[ifistámenos]
colleague	**συνεργάτης** (αρ.)	[sineryátis]
acquaintance (person)	**γνωστός** (αρ.)	[ɣnostós]
fellow traveler	**συνταξιδιώτης** (αρ.)	[sindaksiðiótis]
classmate	**συμμαθητής** (αρ.)	[simaθitís]
neighbor (masc.)	**γείτονας** (αρ.)	[ʝítonas]
neighbor (fem.)	**γειτόνισσα** (θηλ.)	[ʝitónisa]
neighbors	**γείτονες** (αρ.πλ.)	[ʝítones]

HUMAN BODY.
MEDICINE

T&P Books Publishing

61. Head

head	**κεφάλι** (ουδ.)	[kefáli]
face	**πρόσωπο** (ουδ.)	[prósopo]
nose	**μύτη** (θηλ.)	[míti]
mouth	**στόμα** (ουδ.)	[stóma]
eye	**μάτι** (ουδ.)	[máti]
eyes	**μάτια** (ουδ.πλ.)	[mátia]
pupil	**κόρη** (θηλ.)	[kóri]
eyebrow	**φρύδι** (ουδ.)	[fríði]
eyelash	**βλεφαρίδα** (θηλ.)	[vlefaríða]
eyelid	**βλέφαρο** (ουδ.)	[vléfaro]
tongue	**γλώσσα** (θηλ.)	[ɣlʲósa]
tooth	**δόντι** (ουδ.)	[ðóndi]
lips	**χείλη** (ουδ.πλ.)	[xíli]
cheekbones	**ζυγωματικά** (ουδ.πλ.)	[ziɣomatiká]
gum	**ούλο** (ουδ.)	[úlʲo]
palate	**ουρανίσκος** (αρ.)	[uranískos]
nostrils	**ρουθούνια** (ουδ.πλ.)	[ruθúnia]
chin	**πηγούνι** (ουδ.)	[piɣúni]
jaw	**σαγόνι** (ουδ.)	[saɣóni]
cheek	**μάγουλο** (ουδ.)	[máɣulʲo]
forehead	**μέτωπο** (ουδ.)	[métopo]
temple	**κρόταφος** (αρ.)	[krótafos]
ear	**αυτί** (ουδ.)	[aftí]
back of the head	**πίσω μέρος του κεφαλιού** (ουδ.)	[píso méros tu kefaliú]
neck	**αυχένας , σβέρκος** (αρ.)	[afxénas], [svérkos]
throat	**λαιμός** (αρ.)	[lemós]
hair	**μαλλιά** (ουδ.πλ.)	[maliá]
hairstyle	**χτένισμα** (ουδ.)	[xténizma]
haircut	**κούρεμα** (ουδ.)	[kúrema]
wig	**περούκα** (θηλ.)	[perúka]
mustache	**μουστάκι** (ουδ.)	[mustáki]
beard	**μούσι** (ουδ.)	[músi]
to have (a beard, etc.)	**φορώ**	[foró]
braid	**κοτσίδα** (θηλ.)	[kotsíða]
sideburns	**φαβορίτες** (θηλ.πλ.)	[favorítes]
red-haired (adj)	**κοκκινομάλλης**	[kokinomális]
gray (hair)	**γκρίζος**	[grízos]

bald (adj)	**φαλακρός**	[falʲakrós]
bald patch	**φαλάκρα** (θηλ.)	[falʲákra]
ponytail	**αλογοουρά** (θηλ.)	[alʲoɣourá]
bangs	**φράντζα** (θηλ.)	[frándza]

62. Human body

hand	**χέρι** (ουδ.)	[xéri]
arm	**χέρι** (ουδ.)	[xéri]
finger	**δάχτυλο** (ουδ.)	[ðáxtilʲo]
toe	**δάχτυλο** (ουδ.)	[ðáxtilʲo]
thumb	**αντίχειρας** (αρ.)	[andíxiras]
little finger	**μικρό δάχτυλο** (ουδ.)	[mikró ðáxtilʲo]
nail	**νύχι** (ουδ.)	[níxi]
fist	**γροθιά** (θηλ.)	[ɣroθxá]
palm	**παλάμη** (θηλ.)	[palʲámi]
wrist	**καρπός** (αρ.)	[karpós]
forearm	**πήχης** (αρ.)	[píxis]
elbow	**αγκώνας** (αρ.)	[angónas]
shoulder	**ώμος** (αρ.)	[ómos]
leg	**πόδι** (ουδ.)	[póði]
foot	**πόδι** (ουδ.)	[póði]
knee	**γόνατο** (ουδ.)	[ɣónato]
calf (part of leg)	**γάμπα** (θηλ.)	[ɣámba]
hip	**γοφός** (αρ.)	[ɣofós]
heel	**φτέρνα** (θηλ.)	[ftérna]
body	**σώμα** (ουδ.)	[sóma]
stomach	**κοιλιά** (θηλ.)	[kiliá]
chest	**στήθος** (ουδ.)	[stíθos]
breast	**στήθος** (ουδ.)	[stíθos]
flank	**λαγόνα** (θηλ.)	[lʲaɣóna]
back	**πλάτη** (θηλ.)	[plʲáti]
lower back	**οσφυική χώρα** (θηλ.)	[osfikí xóra]
waist	**οσφύς** (θηλ.)	[osfís]
navel (belly button)	**ομφαλός** (αρ.)	[omfalʲós]
buttocks	**οπίσθια** (ουδ.πλ.)	[opísθxa]
bottom	**πισινός** (αρ.)	[pisinós]
beauty mark	**ελιά** (θηλ.)	[eliá]
birthmark (café au lait spot)	**σημάδι εκ γενετής** (ουδ.)	[simáði ek ʝenetís]
tattoo	**τατουάζ** (ουδ.)	[tatuáz]
scar	**ουλή** (θηλ.)	[ulí]

63. Diseases

sickness	**αρρώστια** (θηλ.)	[aróstia]
to be sick	**είμαι άρρωστος**	[íme árostos]
health	**υγεία** (θηλ.)	[ijía]
runny nose (coryza)	**συνάχι** (ουδ.)	[sináxi]
tonsillitis	**αμυγδαλίτιδα** (θηλ.)	[amiɣðalítiða]
cold (illness)	**κρυολόγημα** (ουδ.)	[krioljójima]
to catch a cold	**κρυολογώ**	[krioljoɣó]
bronchitis	**βρογχίτιδα** (θηλ.)	[vronxítiða]
pneumonia	**πνευμονία** (θηλ.)	[pnevmonía]
flu, influenza	**γρίπη** (θηλ.)	[ɣrípi]
nearsighted (adj)	**μύωπας**	[míopas]
farsighted (adj)	**πρεσβύωπας**	[prezvíopas]
strabismus (crossed eyes)	**στραβισμός** (αρ.)	[stravizmós]
cross-eyed (adj)	**αλλήθωρος**	[alíθoros]
cataract	**καταρράκτης** (αρ.)	[kataráktis]
glaucoma	**γλαύκωμα** (ουδ.)	[ɣljáfkoma]
stroke	**αποπληξία** (θηλ.)	[apopliksía]
heart attack	**έμφραγμα** (ουδ.)	[émfraɣma]
myocardial infarction	**έμφραγμα του μυοκαρδίου** (ουδ.)	[émfraɣma tu miokarðíu]
paralysis	**παράλυση** (θηλ.)	[parálisi]
to paralyze (vt)	**παραλύω**	[paralío]
allergy	**αλλεργία** (θηλ.)	[alerjía]
asthma	**άσθμα** (ουδ.)	[ásθma]
diabetes	**διαβήτης** (αρ.)	[ðiavítis]
toothache	**πονόδοντος** (αρ.)	[ponóðondos]
caries	**τερηδόνα** (θηλ.)	[teriðóna]
diarrhea	**διάρροια** (θηλ.)	[ðiária]
constipation	**δυσκοιλιότητα** (θηλ.)	[ðiskiliótita]
stomach upset	**στομαχική διαταραχή** (θηλ.)	[stomaxikí ðiataraxí]
food poisoning	**τροφική δηλητηρίαση** (θηλ.)	[trofikí ðilitiríasi]
to get food poisoning	**δηλητηριάζομαι**	[ðilitiriázome]
arthritis	**αρθρίτιδα** (θηλ.)	[arθrítiða]
rickets	**ραχίτιδα** (θηλ.)	[raxítiða]
rheumatism	**ρευματισμοί** (αρ.πλ.)	[revmatizmí]
atherosclerosis	**αθηροσκλήρωση** (θηλ.)	[aθirosklírosi]
gastritis	**γαστρίτιδα** (θηλ.)	[ɣastrítiða]
appendicitis	**σκωληκοειδίτιδα** (θηλ.)	[skolikoiðítiða]

cholecystitis	**χολοκυστίτιδα** (θηλ.)	[xolʲokistítiða]
ulcer	**έλκος** (ουδ.)	[élʲkos]
measles	**ιλαρά** (θηλ.)	[ilʲará]
rubella (German measles)	**ερυθρά** (θηλ.)	[eriθrá]
jaundice	**ίκτερος** (αρ.)	[íkteros]
hepatitis	**ηπατίτιδα** (θηλ.)	[ipatítiða]
schizophrenia	**σχιζοφρένεια** (θηλ.)	[sxizofrénia]
rabies (hydrophobia)	**λύσσα** (θηλ.)	[lísa]
neurosis	**νεύρωση** (θηλ.)	[névrosi]
concussion	**διάσειση** (θηλ.)	[ðiásisi]
cancer	**καρκίνος** (αρ.)	[karkínos]
sclerosis	**σκλήρυνση** (θηλ.)	[sklírinsi]
multiple sclerosis	**σκλήρυνση κατά πλάκας** (θηλ.)	[sklírinsi kataplʲákas]
alcoholism	**αλκοολισμός** (αρ.)	[alʲkoolizmós]
alcoholic (n)	**αλκοολικός** (αρ.)	[alʲkoolikós]
syphilis	**σύφιλη** (θηλ.)	[sífili]
AIDS	**AIDS** (ουδ.)	[ejds]
tumor	**όγκος** (αρ.)	[óngos]
malignant (adj)	**κακοήθης**	[kakoíθis]
benign (adj)	**καλοήθης**	[kalʲoíθis]
fever	**πυρετός** (αρ.)	[piretós]
malaria	**ελονοσία** (θηλ.)	[elʲonosía]
gangrene	**γάγγραινα** (θηλ.)	[ɣángrena]
seasickness	**ναυτία** (θηλ.)	[naftía]
epilepsy	**επιληψία** (θηλ.)	[epilipsía]
epidemic	**επιδημία** (θηλ.)	[epiðimía]
typhus	**τύφος** (αρ.)	[tífos]
tuberculosis	**φυματίωση** (θηλ.)	[fimatíosi]
cholera	**χολέρα** (θηλ.)	[xoléra]
plague (bubonic ~)	**πανούκλα** (θηλ.)	[panúklʲa]

64. Symptoms. Treatments. Part 1

symptom	**σύμπτωμα** (ουδ.)	[símptoma]
temperature	**θερμοκρασία** (θηλ.)	[θermokrasía]
high temperature (fever)	**υψηλή θερμοκρασία** (θηλ.)	[ipsilí θermokrasía]
pulse (heartbeat)	**παλμός** (αρ.)	[palʲmós]
dizziness (vertigo)	**ίλιγγος** (αρ.)	[ílingos]
hot (adj)	**ζεστός**	[zestós]
shivering	**ρίγος** (ουδ.)	[ríɣos]
pale (e.g., ~ face)	**χλομός**	[xlʲomós]

cough	**βήχας** (αρ.)	[víxas]
to cough (vi)	**βήχω**	[víxo]
to sneeze (vi)	**φτερνίζομαι**	[fternízome]
faint	**λιποθυμία** (θηλ.)	[lipoθimía]
to faint (vi)	**λιποθυμώ**	[lipoθimó]
bruise (hématome)	**μελανιά** (θηλ.)	[melʲaniá]
bump (lump)	**καρούμπαλο** (ουδ.)	[karúmbalʲo]
to bang (bump)	**χτυπάω**	[xtipáo]
contusion (bruise)	**μώλωπας** (αρ.)	[mólʲopas]
to get a bruise	**χτυπάω**	[xtipáo]
to limp (vi)	**κουτσαίνω**	[kutséno]
dislocation	**εξάρθρημα** (ουδ.)	[eksárθrima]
to dislocate (vt)	**εξαρθρώνω**	[eksaθróno]
fracture	**κάταγμα** (ουδ.)	[kátaɣma]
to have a fracture	**παθαίνω κάταγμα**	[paθéno kátaɣma]
cut (e.g., paper ~)	**κόψιμο, σχίσιμο** (ουδ.)	[kópsimo], [sxísimo]
to cut oneself	**κόβομαι**	[kóvome]
bleeding	**αιμορραγία** (θηλ.)	[emoraʝía]
burn (injury)	**έγκαυμα** (ουδ.)	[éngavma]
to get burned	**καίγομαι**	[kéɣome]
to prick (vt)	**τρυπώ**	[tripó]
to prick oneself	**τρυπώ**	[tripó]
to injure (vt)	**τραυματίζω**	[travmatízo]
injury	**τραυματισμός** (αρ.)	[travmatizmós]
wound	**πληγή** (θηλ.)	[pliʝí]
trauma	**τραύμα** (ουδ.)	[trávma]
to be delirious	**παραμιλώ**	[paramilʲó]
to stutter (vi)	**τραυλίζω**	[travlízo]
sunstroke	**ηλίαση** (θηλ.)	[ilíasi]

65. Symptoms. Treatments. Part 2

pain, ache	**πόνος** (αρ.)	[pónos]
splinter (in foot, etc.)	**ακίδα** (θηλ.)	[akíða]
sweat (perspiration)	**ιδρώτας** (αρ.)	[iðrótas]
to sweat (perspire)	**ιδρώνω**	[iðróno]
vomiting	**εμετός** (αρ.)	[emetós]
convulsions	**σπασμοί** (αρ.πλ.)	[spazmí]
pregnant (adj)	**έγκυος**	[éngios]
to be born	**γεννιέμαι**	[ʝeniéme]
delivery, labor	**γέννα** (θηλ.)	[ʝéna]
to deliver (~ a baby)	**γεννάω**	[ʝenáo]

abortion	**έκτρωση** (θηλ.)	[éktrosi]
breathing, respiration	**αναπνοή** (θηλ.)	[anapnoí]
in-breath (inhalation)	**εισπνοή** (θηλ.)	[ispnoí]
out-breath (exhalation)	**εκπνοή** (θηλ.)	[ekpnoí]
to exhale (breathe out)	**εκπνέω**	[ekpnéo]
to inhale (vi)	**εισπνέω**	[ispnéo]
disabled person	**ανάπηρος** (αρ.)	[anápiros]
cripple	**σακάτης** (αρ.)	[sakátis]
drug addict	**ναρκομανής** (αρ.)	[narkomanís]
deaf (adj)	**κουφός, κωφός**	[kufós], [kofós]
mute (adj)	**μουγγός**	[mungós]
deaf mute (adj)	**κωφάλαλος**	[kofál^{j}al^{j}os]
mad, insane (adj)	**τρελός**	[trel^{j}ós]
madman (demented person)	**τρελός** (αρ.)	[trel^{j}ós]
madwoman	**τρελή** (θηλ.)	[trelí]
to go insane	**τρελαίνομαι**	[trelénome]
gene	**γονίδιο** (ουδ.)	[ɣoníðio]
immunity	**ανοσία** (θηλ.)	[anosía]
hereditary (adj)	**κληρονομικός**	[klironomikós]
congenital (adj)	**συγγενής**	[singenís]
virus	**ιός** (αρ.)	[jos]
microbe	**μικρόβιο** (ουδ.)	[mikróvio]
bacterium	**βακτήριο** (ουδ.)	[vaktírio]
infection	**μόλυνση** (θηλ.)	[mólinsi]

66. Symptoms. Treatments. Part 3

hospital	**νοσοκομείο** (ουδ.)	[nosokomío]
patient	**ασθενής** (αρ.)	[asθenís]
diagnosis	**διάγνωση** (θηλ.)	[ðiáɣnosi]
cure	**θεραπεία** (θηλ.)	[θerapía]
medical treatment	**ιατρική περίθαλψη** (θηλ.)	[jatrikí períθal^{j}psi]
to get treatment	**θεραπεύομαι**	[θerapévume]
to treat (~ a patient)	**περιποιούμαι**	[peripiúme]
to nurse (look after)	**φροντίζω**	[frondízo]
care (nursing ~)	**φροντίδα** (θηλ.)	[frondíða]
operation, surgery	**εγχείρηση** (θηλ.)	[enxírisi]
to bandage (head, limb)	**επιδένω**	[epiðéno]
bandaging	**επίδεση** (θηλ.)	[epíðesi]
vaccination	**εμβόλιο** (ουδ.)	[emvólio]
to vaccinate (vt)	**εμβολιάζω**	[emvoliázo]

injection, shot	**ένεση** (θηλ.)	[énesi]
to give an injection	**κάνω ένεση**	[káno énesi]
attack	**κρίση** (θηλ.)	[krísi]
amputation	**ακρωτηριασμός** (αρ.)	[akrotiriazmós]
to amputate (vt)	**ακρωτηριάζω**	[akrotiriázo]
coma	**κώμα** (ουδ.)	[kóma]
to be in a coma	**βρίσκομαι σε κώμα**	[vrískome se kóma]
intensive care	**εντατική** (θηλ.)	[endatikí]
to recover (~ from flu)	**αναρρώνω**	[anaróno]
condition (patient's ~)	**κατάσταση** (θηλ.)	[katástasi]
consciousness	**αισθήσεις** (θηλ.πλ.)	[esθísis]
memory (faculty)	**μνήμη** (θηλ.)	[mními]
to pull out (tooth)	**βγάζω**	[vɣázo]
filling	**σφράγισμα** (ουδ.)	[sfráʝizma]
to fill (a tooth)	**σφραγίζω**	[sfraʝízo]
hypnosis	**ύπνωση** (θηλ.)	[ípnosi]
to hypnotize (vt)	**υπνωτίζω**	[ipnotízo]

67. Medicine. Drugs. Accessories

medicine, drug	**φάρμακο** (ουδ.)	[fármako]
remedy	**θεραπεία** (θηλ.)	[θerapía]
to prescribe (vt)	**γράφω**	[ɣráfo]
prescription	**συνταγή** (θηλ.)	[sindaʝí]
tablet, pill	**χάπι** (ουδ.)	[xápi]
ointment	**αλοιφή** (θηλ.)	[alifí]
ampule	**αμπούλα** (θηλ.)	[ambúlʲa]
mixture, solution	**διάλυμα** (ουδ.)	[ðiálima]
syrup	**σιρόπι** (ουδ.)	[sirópi]
capsule	**κάψουλα** (θηλ.)	[kápsulʲa]
powder	**σκόνη** (θηλ.)	[skóni]
gauze bandage	**επίδεσμος** (αρ.)	[epíðezmos]
cotton wool	**χειρουργικό βαμβάκι** (ουδ.)	[xirurʝikó vamváki]
iodine	**ιώδιο** (ουδ.)	[ióðio]
Band-Aid	**τσιρότο** (ουδ.)	[tsiróto]
eyedropper	**σταγονόμετρο** (ουδ.)	[staɣonómetro]
thermometer	**θερμόμετρο** (ουδ.)	[θermómetro]
syringe	**σύριγγα** (θηλ.)	[síringa]
wheelchair	**αναπηρικό καροτσάκι** (ουδ.)	[anapirikó karotsáki]
crutches	**πατερίτσες** (θηλ.πλ.)	[paterítses]

painkiller	**αναλγητικό** (ουδ.)	[analʲjitikó]
laxative	**καθαρτικό** (ουδ.)	[kaθartikó]
spirits (ethanol)	**οινόπνευμα** (ουδ.)	[inópnevma]
medicinal herbs	**θεραπευτικά βότανα** (ουδ.πλ.)	[θerapeftiká vótana]
herbal (~ tea)	**από βότανα**	[apó vótana]

APARTMENT

T&P Books Publishing

68. Apartment

apartment	**διαμέρισμα** (ουδ.)	[ðiamérizma]
room	**δωμάτιο** (ουδ.)	[ðomátio]
bedroom	**υπνοδωμάτιο** (ουδ.)	[ipnoðomátio]
dining room	**τραπεζαρία** (θηλ.)	[trapezaría]
living room	**σαλόνι** (ουδ.)	[salʲóni]
study (home office)	**γραφείο** (ουδ.)	[ɣrafío]
entry room	**χωλ** (ουδ.)	[xolʲ]
bathroom (room with a bath or shower)	**μπάνιο** (ουδ.)	[bánio]
half bath	**τουαλέτα** (θηλ.)	[tualéta]
ceiling	**ταβάνι** (ουδ.)	[taváni]
floor	**πάτωμα** (ουδ.)	[pátoma]
corner	**γωνία** (θηλ.)	[ɣonía]

69. Furniture. Interior

furniture	**έπιπλα** (ουδ.πλ.)	[épiplʲa]
table	**τραπέζι** (ουδ.)	[trapézi]
chair	**καρέκλα** (θηλ.)	[karéklʲa]
bed	**κρεβάτι** (ουδ.)	[kreváti]
couch, sofa	**καναπές** (αρ.)	[kanapés]
armchair	**πολυθρόνα** (θηλ.)	[poliθróna]
bookcase	**βιβλιοθήκη** (θηλ.)	[vivlioθíki]
shelf	**ράφι** (ουδ.)	[ráfi]
wardrobe	**ντουλάπα** (θηλ.)	[dulʲápa]
coat rack (wall-mounted ~)	**κρεμάστρα** (θηλ.)	[kremástra]
coat stand	**καλόγερος** (αρ.)	[kalʲójeros]
bureau, dresser	**συρταριέρα** (θηλ.)	[sirtariéra]
coffee table	**τραπεζάκι** (ουδ.)	[trapezáki]
mirror	**καθρέφτης** (αρ.)	[kaθréftis]
carpet	**χαλί** (ουδ.)	[xalí]
rug, small carpet	**χαλάκι** (ουδ.)	[xalʲáki]
fireplace	**τζάκι** (ουδ.)	[dzáki]
candle	**κερί** (ουδ.)	[kerí]
candlestick	**κηροπήγιο** (ουδ.)	[kiropíjo]

drapes	**κουρτίνες** (θηλ.πλ.)	[kurtínes]
wallpaper	**ταπετσαρία** (θηλ.)	[tapetsaría]
blinds (jalousie)	**στόρια** (ουδ.πλ.)	[stória]
table lamp	**επιτραπέζιο φωτιστικό** (ουδ.)	[epitrapézio fotistikó]
wall lamp (sconce)	**φωτιστικό τοίχου** (ουδ.)	[fotistikó tíxu]
floor lamp	**φωτιστικό δαπέδου** (ουδ.)	[fotistikó ðapéðu]
chandelier	**πολυέλαιος** (αρ.)	[poliéleos]
leg (of chair, table)	**πόδι** (ουδ.)	[póði]
armrest	**μπράτσο** (ουδ.)	[brátso]
back (backrest)	**πλάτη** (θηλ.)	[plʲáti]
drawer	**συρτάρι** (ουδ.)	[sirtári]

70. Bedding

bedclothes	**σεντόνια** (ουδ.πλ.)	[sendónia]
pillow	**μαξιλάρι** (ουδ.)	[maksilʲári]
pillowcase	**μαξιλαροθήκη** (θηλ.)	[maksilʲaroθíki]
duvet, comforter	**πάπλωμα** (ουδ.)	[páplʲoma]
sheet	**σεντόνι** (ουδ.)	[sendóni]
bedspread	**κουβερλί** (ουδ.)	[kuverlí]

71. Kitchen

kitchen	**κουζίνα** (θηλ.)	[kuzína]
gas	**γκάζι** (ουδ.)	[gázi]
gas stove (range)	**κουζίνα με γκάζι** (θηλ.)	[kuzína me gázi]
electric stove	**ηλεκτρική κουζίνα** (θηλ.)	[ilektrikí kuzína]
oven	**φούρνος** (αρ.)	[fúrnos]
microwave oven	**φούρνος μικροκυμάτων** (αρ.)	[fúrnos mikrokimáton]
refrigerator	**ψυγείο** (ουδ.)	[psiʝío]
freezer	**καταψύκτης** (αρ.)	[katapsíktis]
dishwasher	**πλυντήριο πιάτων** (ουδ.)	[plindírio piáton]
meat grinder	**κρεατομηχανή** (θηλ.)	[kreatomixaní]
juicer	**αποχυμωτής** (αρ.)	[apoximotís]
toaster	**φρυγανιέρα** (θηλ.)	[friɣaniéra]
mixer	**μίξερ** (ουδ.)	[míkser]
coffee machine	**καφετιέρα** (θηλ.)	[kafetiéra]
coffee pot	**καφετιέρα** (θηλ.)	[kafetiéra]
coffee grinder	**μύλος του καφέ** (αρ.)	[mílʲos tu kafé]
kettle	**βραστήρας** (αρ.)	[vrastíras]
teapot	**τσαγιέρα** (θηλ.)	[tsaʝéra]

lid	**καπάκι** (ουδ.)	[kapáki]
tea strainer	**σουρωτήρι τσαγιού** (ουδ.)	[surotíri tsaʝú]
spoon	**κουτάλι** (ουδ.)	[kutáli]
teaspoon	**κουταλάκι του γλυκού** (ουδ.)	[kutalʲáki tu ɣlikú]
soup spoon	**κουτάλι της σούπας** (ουδ.)	[kutáli tis súpas]
fork	**πιρούνι** (ουδ.)	[pirúni]
knife	**μαχαίρι** (ουδ.)	[maxéri]
tableware (dishes)	**επιτραπέζια σκεύη** (ουδ.πλ.)	[epitrapézia skévi]
plate (dinner ~)	**πιάτο** (ουδ.)	[piáto]
saucer	**πιατάκι** (ουδ.)	[piatáki]
shot glass	**σφηνοπότηρο** (ουδ.)	[sfinopótiro]
glass (tumbler)	**ποτήρι** (ουδ.)	[potíri]
cup	**φλιτζάνι** (ουδ.)	[flidzáni]
sugar bowl	**ζαχαριέρα** (θηλ.)	[zaxariéra]
salt shaker	**αλατιέρα** (θηλ.)	[alʲatiéra]
pepper shaker	**πιπεριέρα** (θηλ.)	[piperiéra]
butter dish	**βουτυριέρα** (θηλ.)	[vutiriéra]
stock pot (soup pot)	**κατσαρόλα** (θηλ.)	[katsarólʲa]
frying pan (skillet)	**τηγάνι** (ουδ.)	[tiɣáni]
ladle	**κουτάλα** (θηλ.)	[kutálʲa]
colander	**σουρωτήρι** (ουδ.)	[surotíri]
tray (serving ~)	**δίσκος** (αρ.)	[ðískos]
bottle	**μπουκάλι** (ουδ.)	[bukáli]
jar (glass)	**βάζο** (ουδ.)	[vázo]
can	**κουτί** (ουδ.)	[kutí]
bottle opener	**ανοιχτήρι** (ουδ.)	[anixtíri]
can opener	**ανοιχτήρι** (ουδ.)	[anixtíri]
corkscrew	**τιρμπουσόν** (ουδ.)	[tirbusón]
filter	**φίλτρο** (ουδ.)	[fílʲtro]
to filter (vt)	**φιλτράρω**	[filʲtráro]
trash, garbage (food waste, etc.)	**σκουπίδια** (ουδ.πλ.)	[skupíðia]
trash can (kitchen ~)	**κάδος σκουπιδιών** (αρ.)	[káðos skupiðión]

72. Bathroom

bathroom	**μπάνιο** (ουδ.)	[bánio]
water	**νερό** (ουδ.)	[neró]
faucet	**βρύση** (ουδ.)	[vrísi]
hot water	**ζεστό νερό** (ουδ.)	[zestó neró]

cold water	**κρύο νερό** (ουδ.)	[krío neró]
toothpaste	**οδοντόκρεμα** (θηλ.)	[oðondókrema]
to brush one's teeth	**πλένω τα δόντια**	[pléno ta ðóndia]
toothbrush	**οδοντόβουρτσα** (θηλ.)	[oðondóvutsa]
to shave (vi)	**ξυρίζομαι**	[ksirízome]
shaving foam	**αφρός ξυρίσματος** (αρ.)	[afrós ksirízmatos]
razor	**ξυράφι** (ουδ.)	[ksiráfi]
to wash (one's hands, etc.)	**πλένω**	[pléno]
to take a bath	**πλένομαι**	[plénome]
shower	**ντους** (ουδ.)	[duz]
to take a shower	**κάνω ντους**	[káno duz]
bathtub	**μπανιέρα** (θηλ.)	[baniéra]
toilet (toilet bowl)	**λεκάνη** (θηλ.)	[lekáni]
sink (washbasin)	**νιπτήρας** (αρ.)	[niptíras]
soap	**σαπούνι** (ουδ.)	[sapúni]
soap dish	**σαπουνοθήκη** (θηλ.)	[sapunoθíki]
sponge	**σφουγγάρι** (ουδ.)	[sfungári]
shampoo	**σαμπουάν** (ουδ.)	[sambuán]
towel	**πετσέτα** (θηλ.)	[petséta]
bathrobe	**μπουρνούζι** (ουδ.)	[burnúzi]
laundry (laundering)	**μπουγάδα** (θηλ.)	[buɣáða]
washing machine	**πλυντήριο ρούχων** (ουδ.)	[plindírio rúxon]
to do the laundry	**πλένω τα σεντόνια**	[pléno ta sendónia]
laundry detergent	**απορρυπαντικό** (ουδ.)	[aporipandikó]

73. Household appliances

TV set	**τηλεόραση** (θηλ.)	[tileórasi]
tape recorder	**κασετόφωνο** (ουδ.)	[kasetófono]
VCR (video recorder)	**συσκευή βίντεο** (θηλ.)	[siskeví vídeo]
radio	**ραδιόφωνο** (ουδ.)	[raðiófono]
player (CD, MP3, etc.)	**πλέιερ** (ουδ.)	[pléjer]
video projector	**βιντεοπροβολέας** (αρ.)	[videoprovoléas]
home movie theater	**οικιακός κινηματογράφος** (αρ.)	[ikiakós kinimatoɣráfos]
DVD player	**συσκευή DVD** (θηλ.)	[siskeví dividí]
amplifier	**ενισχυτής** (αρ.)	[enisxitís]
video game console	**κονσόλα παιχνιδιών** (θηλ.)	[konsólʲa pexniðion]
video camera	**βιντεοκάμερα** (θηλ.)	[videokámera]
camera (photo)	**φωτογραφική μηχανή** (θηλ.)	[fotoɣrafikí mixaní]
digital camera	**ψηφιακή φωτογραφική μηχανή** (θηλ.)	[psifiakí fotoɣrafikí mixaní]

vacuum cleaner	**ηλεκτρική σκούπα** (θηλ.)	[ilektrikí skúpa]
iron (e.g., steam ~)	**σίδερο** (ουδ.)	[síðero]
ironing board	**σιδερώστρα** (θηλ.)	[siðeróstra]
telephone	**τηλέφωνο** (ουδ.)	[tiléfono]
cell phone	**κινητό τηλέφωνο** (ουδ.)	[kinitó tiléfono]
typewriter	**γραφομηχανή** (θηλ.)	[ɣrafomixaní]
sewing machine	**ραπτομηχανή** (θηλ.)	[raptomixaní]
microphone	**μικρόφωνο** (ουδ.)	[mikrófono]
headphones	**ακουστικά** (ουδ.πλ.)	[akustiká]
remote control (TV)	**τηλεχειριστήριο** (ουδ.)	[tilexiristírio]
CD, compact disc	**συμπαγής δίσκος** (αρ.)	[simpaʝís ðískos]
cassette, tape	**κασέτα** (θηλ.)	[kaséta]
vinyl record	**δίσκος βινυλίου** (αρ.)	[ðískos vinilíu]

THE EARTH. WEATHER

T&P Books Publishing

74. Outer space

space	**διάστημα** (ουδ.)	[ðiástima]
space (as adj)	**διαστημικός**	[ðiastimikós]
outer space	**απώτερο διάστημα** (ουδ.)	[apótero ðiástima]
world, universe	**σύμπαν** (ουδ.)	[símban]
galaxy	**γαλαξίας** (αρ.)	[ɣalʲaksías]
star	**αστέρας** (αρ.)	[astéras]
constellation	**αστερισμός** (αρ.)	[asterizmós]
planet	**πλανήτης** (αρ.)	[plʲanítis]
satellite	**δορυφόρος** (αρ.)	[ðorifóros]
meteorite	**μετεωρίτης** (αρ.)	[meteorítis]
comet	**κομήτης** (αρ.)	[komítis]
asteroid	**αστεροειδής** (αρ.)	[asteroiðís]
orbit	**τροχιά** (θηλ.)	[troxiá]
to revolve (~ around the Earth)	**περιστρέφομαι**	[peristréfome]
atmosphere	**ατμόσφαιρα** (θηλ.)	[atmósfera]
the Sun	**Ήλιος** (αρ.)	[ílios]
solar system	**ηλιακό σύστημα** (ουδ.)	[iliakó sístima]
solar eclipse	**έκλειψη ηλίου** (θηλ.)	[éklipsi ilíu]
the Earth	**Γη** (θηλ.)	[ʝi]
the Moon	**Σελήνη** (θηλ.)	[selíni]
Mars	**Άρης** (αρ.)	[áris]
Venus	**Αφροδίτη** (θηλ.)	[afroðíti]
Jupiter	**Δίας** (αρ.)	[ðías]
Saturn	**Κρόνος** (αρ.)	[krónos]
Mercury	**Ερμής** (αρ.)	[ermís]
Uranus	**Ουρανός** (αρ.)	[uranós]
Neptune	**Ποσειδώνας** (αρ.)	[posiðónas]
Pluto	**Πλούτωνας** (αρ.)	[plʲútonas]
Milky Way	**Γαλαξίας** (αρ.)	[ɣalʲaksías]
Great Bear (Ursa Major)	**Μεγάλη Άρκτος** (θηλ.)	[meɣáli árktos]
North Star	**Πολικός Αστέρας** (αρ.)	[polikós astéras]
Martian	**Αρειανός** (αρ.)	[arianós]
extraterrestrial (n)	**εξωγήινος** (αρ.)	[eksoʝíinos]

alien	**εξωγήινος** (αρ.)	[eksoʝíinos]
flying saucer	**ιπτάμενος δίσκος** (αρ.)	[iptámenos ðískos]
spaceship	**διαστημόπλοιο** (ουδ.)	[ðiastimóplio]
space station	**διαστημικός σταθμός** (αρ.)	[ðiastimikós staθmós]
blast-off	**εκτόξευση** (θηλ.)	[ektóksefsi]
engine	**κινητήρας** (αρ.)	[kinitíras]
nozzle	**ακροφύσιο** (ουδ.)	[akrofísio]
fuel	**καύσιμο** (ουδ.)	[káfsimo]
cockpit, flight deck	**πιλοτήριο** (ουδ.)	[pilʲotírio]
antenna	**κεραία** (θηλ.)	[keréa]
porthole	**φινιστρίνι** (ουδ.)	[finistríni]
solar panel	**ηλιακός συλλέκτης** (αρ.)	[iliakós siléktis]
spacesuit	**στολή αστροναύτη** (θηλ.)	[stolí astronáfti]
weightlessness	**έλλειψη βαρύτητας** (θηλ.)	[élipsi varítitas]
oxygen	**οξυγόνο** (ουδ.)	[oksiɣóno]
docking (in space)	**πρόσδεση** (θηλ.)	[prózðesi]
to dock (vi, vt)	**προσδένω**	[prozðéno]
observatory	**αστεροσκοπείο** (ουδ.)	[asteroskopío]
telescope	**τηλεσκόπιο** (ουδ.)	[tileskópio]
to observe (vt)	**παρατηρώ**	[paratiró]
to explore (vt)	**ερευνώ**	[erevnó]

75. The Earth

the Earth	**Γη** (θηλ.)	[ʝi]
the globe (the Earth)	**υδρόγειος** (θηλ.)	[iðróʝios]
planet	**πλανήτης** (αρ.)	[plʲanítis]
atmosphere	**ατμόσφαιρα** (θηλ.)	[atmósfera]
geography	**γεωγραφία** (θηλ.)	[ʝeoɣrafía]
nature	**φύση** (θηλ.)	[física]
globe (table ~)	**υδρόγειος** (θηλ.)	[iðróʝios]
map	**χάρτης** (αρ.)	[xártis]
atlas	**άτλας** (αρ.)	[átlʲas]
Europe	**Ευρώπη** (θηλ.)	[evrópi]
Asia	**Ασία** (θηλ.)	[asía]
Africa	**Αφρική** (θηλ.)	[afrikí]
Australia	**Αυστραλία** (θηλ.)	[afstralía]
America	**Αμερική** (θηλ.)	[amerikí]
North America	**Βόρεια Αμερική** (θηλ.)	[vória amerikí]

South America	**Νότια Αμερική** (θηλ.)	[nótia amerikí]
Antarctica	**Ανταρκτική** (θηλ.)	[andarktikí]
the Arctic	**Αρκτική** (θηλ.)	[arktikí]

76. Cardinal directions

north	**βορράς** (αρ.)	[vorás]
to the north	**προς το βορρά**	[pros to vorá]
in the north	**στο βορρά**	[sto vorá]
northern (adj)	**βόρειος**	[vórios]
south	**νότος** (αρ.)	[nótos]
to the south	**προς το νότο**	[pros to nóto]
in the south	**στο νότο**	[sto nóto]
southern (adj)	**νότιος**	[nótios]
west	**δύση** (θηλ.)	[ðísi]
to the west	**προς τη δύση**	[pros ti ðísi]
in the west	**στη δύση**	[sti ðísi]
western (adj)	**δυτικός**	[ðitikós]
east	**ανατολή** (θηλ.)	[anatolí]
to the east	**προς την ανατολή**	[pros tin anatolí]
in the east	**στην ανατολή**	[stin anatolí]
eastern (adj)	**ανατολικός**	[anatolikós]

77. Sea. Ocean

sea	**θάλασσα** (θηλ.)	[θálʲasa]
ocean	**ωκεανός** (αρ.)	[okeanós]
gulf (bay)	**κόλπος** (αρ.)	[kólʲpos]
straits	**πορθμός** (αρ.)	[porθmós]
land (solid ground)	**στεριά, ξηρά** (θηλ.)	[steriá], [ksirá]
continent (mainland)	**ήπειρος** (θηλ.)	[íperos]
island	**νησί** (ουδ.)	[nisí]
peninsula	**χερσόνησος** (θηλ.)	[xersónisos]
archipelago	**αρχιπέλαγος** (ουδ.)	[arxipélʲaɣos]
bay, cove	**κόλπος** (αρ.)	[kólʲpos]
harbor	**λιμάνι** (ουδ.)	[limáni]
lagoon	**λιμνοθάλασσα** (θηλ.)	[limnoθálʲasa]
cape	**ακρωτήρι** (ουδ.)	[akrotíri]
atoll	**ατόλη** (θηλ.)	[atóli]
reef	**ύφαλος** (αρ.)	[ífalʲos]
coral	**κοράλλι** (ουδ.)	[koráli]
coral reef	**κοραλλιογενής ύφαλος** (αρ.)	[koraliojenís ifalʲos]

deep (adj)	**βαθύς**	[vaθís]
depth (deep water)	**βάθος** (ουδ.)	[váθos]
abyss	**άβυσσος** (θηλ.)	[ávisos]
trench (e.g., Mariana ~)	**τάφρος** (θηλ.)	[táfros]
current (Ocean ~)	**ρεύμα** (ουδ.)	[révma]
to surround (bathe)	**περιβρέχω**	[perivréxo]
shore	**παραλία** (θηλ.)	[paralía]
coast	**ακτή** (θηλ.)	[aktí]
flow (flood tide)	**πλημμυρίδα** (θηλ.)	[plimiríða]
ebb (ebb tide)	**παλίρροια** (θηλ.)	[palíria]
shoal	**ρηχά** (ουδ.πλ.)	[rixá]
bottom (~ of the sea)	**πάτος** (αρ.)	[pátos]
wave	**κύμα** (ουδ.)	[kíma]
crest (~ of a wave)	**κορυφή** (θηλ.)	[korifí]
spume (sea foam)	**αφρός** (αρ.)	[afrós]
storm (sea storm)	**καταιγίδα** (θηλ.)	[katejíða]
hurricane	**τυφώνας** (αρ.)	[tifónas]
tsunami	**τσουνάμι** (ουδ.)	[tsunámi]
calm (dead ~)	**νηνεμία** (θηλ.)	[ninemía]
quiet, calm (adj)	**ήσυχος**	[ísixos]
pole	**πόλος** (αρ.)	[pólʲos]
polar (adj)	**πολικός**	[polikós]
latitude	**γεωγραφικό πλάτος** (ουδ.)	[jeoɣrafikó plʲátos]
longitude	**μήκος** (ουδ.)	[míkos]
parallel	**παράλληλος** (αρ.)	[parálilʲos]
equator	**ισημερινός** (αρ.)	[isimerinós]
sky	**ουρανός** (αρ.)	[uranós]
horizon	**ορίζοντας** (αρ.)	[orízondas]
air	**αέρας** (αρ.)	[aéras]
lighthouse	**φάρος** (αρ.)	[fáros]
to dive (vi)	**βουτάω**	[vutáo]
to sink (ab. boat)	**βυθίζομαι**	[viθízome]
treasures	**θησαυροί** (αρ.πλ.)	[θisavrí]

78. Seas' and Oceans' names

Atlantic Ocean	**Ατλαντικός Ωκεανός** (αρ.)	[atlʲandikós okeanós]
Indian Ocean	**Ινδικός Ωκεανός** (αρ.)	[inðikós okeanós]
Pacific Ocean	**Ειρηνικός Ωκεανός** (αρ.)	[irinikós okeanós]
Arctic Ocean	**Αρκτικός Ωκεανός** (αρ.)	[arktikós okeanós]
Black Sea	**Μαύρη Θάλασσα** (θηλ.)	[mávri θálʲasa]

Red Sea	**Ερυθρά Θάλασσα** (θηλ.)	[eriθrá θálʲasa]
Yellow Sea	**Κίτρινη Θάλασσα** (θηλ.)	[kítrini θálʲasa]
White Sea	**Λευκή Θάλασσα** (θηλ.)	[lefkí θálʲasa]
Caspian Sea	**Κασπία Θάλασσα** (θηλ.)	[kaspía θálʲasa]
Dead Sea	**Νεκρά Θάλασσα** (θηλ.)	[nekrá θalʲasa]
Mediterranean Sea	**Μεσόγειος Θάλασσα** (θηλ.)	[mesójios θálʲasa]
Aegean Sea	**Αιγαίο** (ουδ.)	[ejéo]
Adriatic Sea	**Αδριατική** (θηλ.)	[aðriatikí]
Arabian Sea	**Αραβική Θάλασσα** (θηλ.)	[aravikí θálʲasa]
Sea of Japan	**Ιαπωνική Θάλασσα** (θηλ.)	[japonikí θálʲasa]
Bering Sea	**Βερίγγειος Θάλασσα** (θηλ.)	[veríngios θálʲasa]
South China Sea	**Νότια Κινέζικη Θάλασσα** (θηλ.)	[nótia kinéziki θálʲasa]
Coral Sea	**Θάλασσα των Κοραλλίων** (θηλ.)	[θálʲasa tonkoralíon]
Tasman Sea	**Θάλασσα της Τασμανίας** (θηλ.)	[θálʲasa tis tazmanías]
Caribbean Sea	**Καραϊβική θάλασσα** (θηλ.)	[karaivikí θálʲasa]
Barents Sea	**Θάλασσα Μπάρεντς** (θηλ.)	[θalʲasa bárents]
Kara Sea	**Θάλασσα του Κάρα** (θηλ.)	[θalʲasa tu kára]
North Sea	**Βόρεια Θάλασσα** (θηλ.)	[vória θálʲasa]
Baltic Sea	**Βαλτική Θάλασσα** (θηλ.)	[valʲtikí θálʲasa]
Norwegian Sea	**Νορβηγική Θάλασσα** (θηλ.)	[norvijikí θálʲasa]

79. Mountains

mountain	**βουνό** (ουδ.)	[vunó]
mountain range	**οροσειρά** (θηλ.)	[orosirá]
mountain ridge	**κορυφογραμμή** (θηλ.)	[korifoɣramí]
summit, top	**κορυφή** (θηλ.)	[korifí]
peak	**κορυφή** (θηλ.)	[korifí]
foot (~ of the mountain)	**πρόποδες** (αρ.πλ.)	[própoðes]
slope (mountainside)	**πλαγιά** (θηλ.)	[plʲajá]
volcano	**ηφαίστειο** (ουδ.)	[iféstio]
active volcano	**ενεργό ηφαίστειο** (ουδ.)	[enerɣó iféstio]
dormant volcano	**σβησμένο ηφαίστειο** (ουδ.)	[svizméno iféstio]
eruption	**έκρηξη** (θηλ.)	[ékriksi]
crater	**κρατήρας** (αρ.)	[kratíras]
magma	**μάγμα** (ουδ.)	[máɣma]
lava	**λάβα** (θηλ.)	[lʲáva]

molten (~ lava)	**πυρακτωμένος**	[piraktoménos]
canyon	**φαράγγι** (ουδ.)	[farángi]
gorge	**φαράγγι** (ουδ.)	[farángi]
crevice	**ρωγμή** (θηλ.)	[roɣmí]
abyss (chasm)	**άβυσσος** (θηλ.)	[ávisos]
pass, col	**διάσελο** (ουδ.)	[ðiáselʲo]
plateau	**οροπέδιο** (ουδ.)	[oropéðio]
cliff	**γκρεμός** (αρ.)	[gremós]
hill	**λόφος** (αρ.)	[lʲófos]
glacier	**παγετώνας** (αρ.)	[pajetónas]
waterfall	**καταρράκτης** (αρ.)	[kataráktis]
geyser	**θερμοπίδακας** (αρ.)	[θermopíðakas]
lake	**λίμνη** (θηλ.)	[límni]
plain	**πεδιάδα** (θηλ.)	[peðiáða]
landscape	**τοπίο** (ουδ.)	[topío]
echo	**ηχώ** (θηλ.)	[ixó]
alpinist	**ορειβάτης** (αρ.)	[orivátis]
rock climber	**ορειβάτης** (αρ.)	[orivátis]
to conquer (in climbing)	**κατακτώ**	[kataktó]
climb (an easy ~)	**ανάβαση** (θηλ.)	[anávasi]

80. Mountains names

The Alps	**Άλπεις** (θηλ.πλ.)	[álʲpis]
Mont Blanc	**Λευκό Όρος** (ουδ.)	[lefkó oros]
The Pyrenees	**Πυρηναία** (ουδ.πλ.)	[pirinéa]
The Carpathians	**Καρπάθια Όρη** (ουδ.πλ.)	[karpáθxa óri]
The Ural Mountains	**Ουράλια** (ουδ.πλ.)	[urália]
The Caucasus Mountains	**Καύκασος** (αρ.)	[káfkasos]
Mount Elbrus	**Ελμπρούς** (ουδ.)	[elʲbrús]
The Altai Mountains	**όρη Αλτάι** (ουδ.πλ.)	[óri alʲtáj]
The Tian Shan	**Τιεν Σαν** (ουδ.πλ.)	[tien san]
The Pamir Mountains	**Παμίρ** (ουδ.)	[pamír]
The Himalayas	**Ιμαλάια** (ουδ.πλ.)	[imalʲája]
Mount Everest	**Έβερεστ** (ουδ.)	[éverest]
The Andes	**Άνδεις** (θηλ.πλ.)	[ánðis]
Mount Kilimanjaro	**Κιλιμαντζάρο** (ουδ.)	[kilimandzáro]

81. Rivers

river	**ποταμός** (αρ.)	[potamós]
spring (natural source)	**πηγή** (θηλ.)	[pijí]

riverbed (river channel)	**κοίτη** (θηλ.)	[kíti]
basin (river valley)	**λεκάνη** (θηλ.)	[lekáni]
to flow into ...	**εκβάλλω στο ...**	[ekválʲo sto]
tributary	**παραπόταμος** (αρ.)	[parapótamos]
bank (of river)	**ακτή** (θηλ.)	[aktí]
current (stream)	**ρεύμα** (ουδ.)	[révma]
downstream (adv)	**στη φορά του ρεύματος**	[sti forá tu révmatos]
upstream (adv)	**κόντρα στο ρεύμα**	[kóndra sto révma]
inundation	**πλημμύρα** (θηλ.)	[plimíra]
flooding	**ξεχείλισμα** (ουδ.)	[ksexílizma]
to overflow (vi)	**πλημμυρίζω**	[plimirízo]
to flood (vt)	**πλημμυρίζω**	[plimirízo]
shallow (shoal)	**ρηχά** (ουδ.πλ.)	[rixá]
rapids	**ορμητικό ρεύμα** (ουδ.)	[ormitikó révma]
dam	**φράγμα** (ουδ.)	[fráɣma]
canal	**κανάλι** (ουδ.)	[kanáli]
reservoir (artificial lake)	**ταμιευτήρας** (αρ.)	[tamieftíras]
sluice, lock	**θυρόφραγμα** (ουδ.)	[θirófraɣma]
water body (pond, etc.)	**νερόλακκος** (αρ.)	[nerólʲakos]
swamp (marshland)	**έλος** (ουδ.)	[élʲos]
bog, marsh	**βάλτος** (αρ.)	[válʲtos]
whirlpool	**δίνη** (θηλ.)	[ðíni]
stream (brook)	**ρυάκι** (ουδ.)	[riáki]
drinking (ab. water)	**πόσιμο**	[pósimo]
fresh (~ water)	**γλυκό**	[ɣlikó]
ice	**πάγος** (αρ.)	[páɣos]
to freeze over (ab. river, etc.)	**παγώνω**	[paɣóno]

82. Rivers' names

Seine	**Σηκουάνας** (αρ.)	[sikuánas]
Loire	**Λίγηρας** (αρ.)	[líʝiras]
Thames	**Τάμεσης** (αρ.)	[támesis]
Rhine	**Ρήνος** (αρ.)	[rínos]
Danube	**Δούναβης** (αρ.)	[ðúnavis]
Volga	**Βόλγας** (αρ.)	[vólʲɣas]
Don	**Ντον** (αρ.)	[don]
Lena	**Λένας** (αρ.)	[lénas]

Yellow River	**Κίτρινος Ποταμός** (αρ.)	[kítrinos potamós]
Yangtze	**Γιανγκτσέ** (αρ.)	[ʝangtsé]
Mekong	**Μεκόνγκ** (αρ.)	[mekóng]
Ganges	**Γάγγης** (αρ.)	[ɣángis]
Nile River	**Νείλος** (αρ.)	[nílʲos]
Congo River	**Κονγκό** (αρ.)	[kongó]
Okavango River	**Οκαβάνγκο** (αρ.)	[okavángo]
Zambezi River	**Ζαμβέζης** (αρ.)	[zamvézis]
Limpopo River	**Λιμπόπο** (αρ.)	[limbópo]
Mississippi River	**Μισισιπής** (αρ.)	[misisipís]

83. Forest

forest, wood	**δάσος** (ουδ.)	[ðásos]
forest (as adj)	**του δάσους**	[tu ðásus]
thick forest	**πυκνό δάσος** (ουδ.)	[piknó ðásos]
grove	**άλσος** (ουδ.)	[álʲsos]
forest clearing	**ξέφωτο** (ουδ.)	[kséfoto]
thicket	**λόχμη** (θηλ.)	[lʲóxmi]
scrubland	**θαμνότοπος** (αρ.)	[θamnótopos]
footpath (troddenpath)	**μονοπάτι** (ουδ.)	[monopáti]
gully	**χαράδρα** (θηλ.)	[xaráðra]
tree	**δέντρο** (ουδ.)	[ðéndro]
leaf	**φύλλο** (ουδ.)	[fílʲo]
leaves (foliage)	**φύλλωμα** (ουδ.)	[fílʲoma]
fall of leaves	**φυλλοβολία** (θηλ.)	[filʲovolía]
to fall (ab. leaves)	**πέφτω**	[péfto]
top (of the tree)	**κορυφή** (θηλ.)	[korifí]
branch	**κλαδί** (ουδ.)	[klaðí]
bough	**μεγάλο κλαδί** (ουδ.)	[meɣálʲo klʲaðí]
bud (on shrub, tree)	**μπουμπούκι** (ουδ.)	[bubúki]
needle (of pine tree)	**βελόνα** (θηλ.)	[velʲóna]
pine cone	**κουκουνάρι** (ουδ.)	[kukunári]
tree hollow	**φωλιά στο δέντρο** (θηλ.)	[foliá sto ðéndro]
nest	**φωλιά** (θηλ.)	[foliá]
burrow (animal hole)	**φωλιά** (θηλ.), **λαγούμι** (ουδ.)	[foliá], [lʲaɣúmi]
trunk	**κορμός** (αρ.)	[kormós]
root	**ρίζα** (θηλ.)	[ríza]
bark	**φλοιός** (αρ.)	[fliós]
moss	**βρύο** (ουδ.)	[vrío]
to uproot (remove trees or tree stumps)	**ξεριζώνω**	[kserizóno]

to chop down	**κόβω**	[kóvo]
to deforest (vt)	**αποψιλώνω**	[apopsilʲóno]
tree stump	**κομμένος κορμός** (αρ.)	[koménos kormós]
campfire	**φωτιά** (θηλ.)	[fotiá]
forest fire	**πυρκαγιά** (θηλ.)	[pirkaʝá]
to extinguish (vt)	**σβήνω**	[zvíno]
forest ranger	**δασοφύλακας** (αρ.)	[ðasofílʲakas]
protection	**προστασία** (θηλ.)	[prostasía]
to protect (~ nature)	**προστατεύω**	[prostatévo]
poacher	**λαθροθήρας** (αρ.)	[lʲaθroθíras]
steel trap	**δόκανο** (ουδ.)	[ðókano]
to gather, to pick (vt)	**μαζεύω**	[mazévo]
to pick (mushrooms)	**μαζεύω**	[mazévo]
to pick (berries)	**μαζεύω**	[mazévo]
to lose one's way	**χάνομαι**	[xánome]

84. Natural resources

natural resources	**φυσικοί πόροι** (αρ.πλ.)	[fisikí póri]
minerals	**ορυκτά** (ουδ.πλ.)	[oriktá]
deposits	**κοιτάσματα** (ουδ.πλ.)	[kitázmata]
field (e.g., oilfield)	**κοίτασμα** (ουδ.)	[kítazma]
to mine (extract)	**εξορύσσω**	[eksoríso]
mining (extraction)	**εξόρυξη** (θηλ.)	[eksóriksi]
ore	**μετάλλευμα** (ουδ.)	[metálevma]
mine (e.g., for coal)	**μεταλλείο, ορυχείο** (ουδ.)	[metalío], [orixío]
shaft (mine ~)	**φρεάτιο ορυχείου** (ουδ.)	[freátio orixíu]
miner	**ανθρακωρύχος** (αρ.)	[anθrakoríxos]
gas (natural ~)	**αέριο** (ουδ.)	[aério]
gas pipeline	**αγωγός αερίου** (αρ.)	[aɣoɣós aeríu]
oil (petroleum)	**πετρέλαιο** (ουδ.)	[petréleo]
oil pipeline	**πετρελαιαγωγός** (αρ.)	[petreleaɣoɣós]
oil well	**πετρελαιοπηγή** (θηλ.)	[petreleopiʝí]
derrick (tower)	**πύργος διατρήσεων** (αρ.)	[pírɣos ðiatríseon]
tanker	**τάνκερ** (ουδ.)	[tánker]
sand	**άμμος** (θηλ.)	[ámos]
limestone	**ασβεστόλιθος** (αρ.)	[asvestóliθos]
gravel	**χαλίκι** (ουδ.)	[xalíki]
peat	**τύρφη** (θηλ.)	[tírfi]
clay	**πηλός** (αρ.)	[pilʲós]
coal	**γαιάνθρακας** (αρ.)	[ɣeánθrakas]
iron (ore)	**σιδηρομετάλλευμα** (ουδ.)	[siðirometálevma]
gold	**χρυσάφι** (ουδ.)	[xrisáfi]

silver	**ασήμι** (ουδ.)	[asími]
nickel	**νικέλιο** (ουδ.)	[nikélio]
copper	**χαλκός** (αρ.)	[xalʲkós]
zinc	**ψευδάργυρος** (αρ.)	[psevðárʝiros]
manganese	**μαγγάνιο** (ουδ.)	[mangánio]
mercury	**υδράργυρος** (αρ.)	[iðrárʝiros]
lead	**μόλυβδος** (αρ.)	[mólivðos]
mineral	**ορυκτό** (ουδ.)	[oriktó]
crystal	**κρύσταλλος** (αρ.)	[krístalʲos]
marble	**μάρμαρο** (ουδ.)	[mármaro]
uranium	**ουράνιο** (ουδ.)	[uránio]

85. Weather

weather	**καιρός** (αρ.)	[kerós]
weather forecast	**πρόγνωση καιρού** (θηλ.)	[próɣnosi kerú]
temperature	**θερμοκρασία** (θηλ.)	[θermokrasía]
thermometer	**θερμόμετρο** (ουδ.)	[θermómetro]
barometer	**βαρόμετρο** (ουδ.)	[varómetro]
humid (adj)	**υγρός**	[iɣrós]
humidity	**υγρασία** (θηλ.)	[iɣrasía]
heat (extreme ~)	**ζέστη** (θηλ.)	[zésti]
hot (torrid)	**ζεστός, καυτός**	[zestós], [kaftós]
it's hot	**κάνει ζέστη**	[káni zésti]
it's warm	**κάνει ζέστη**	[káni zésti]
warm (moderately hot)	**ζεστός**	[zestós]
it's cold	**κάνει κρύο**	[káni krío]
cold (adj)	**κρύος**	[kríos]
sun	**ήλιος** (αρ.)	[ílios]
to shine (vi)	**λάμπω**	[lʲámbo]
sunny (day)	**ηλιόλουστος**	[ilióIʲustos]
to come up (vi)	**ανατέλλω**	[anatélʲo]
to set (vi)	**δύω**	[ðío]
cloud	**σύννεφο** (ουδ.)	[sínefo]
cloudy (adj)	**συννεφιασμένος**	[sinefiazménos]
rain cloud	**μαύρο σύννεφο** (ουδ.)	[mávro sínefo]
somber (gloomy)	**συννεφιασμένος**	[sinefiazménos]
rain	**βροχή** (θηλ.)	[vroxí]
it's raining	**βρέχει**	[vréxi]
rainy (~ day, weather)	**βροχερός**	[vroxerós]
to drizzle (vi)	**ψιχαλίζει**	[psixalízi]
pouring rain	**δυνατή βροχή** (θηλ.)	[ðinatí vroxí]

downpour	**νεροποντή** (θηλ.)	[neropondí]
heavy (e.g., ~ rain)	**δυνατός**	[ðinatós]
puddle	**λακκούβα** (θηλ.)	[lʲakúva]
to get wet (in rain)	**βρέχομαι**	[vréxome]
fog (mist)	**ομίχλη** (θηλ.)	[omíxli]
foggy	**ομιχλώδης**	[omixlʲóðis]
snow	**χιόνι** (ουδ.)	[xóni]
it's snowing	**χιονίζει**	[xonízi]

86. Severe weather. Natural disasters

thunderstorm	**καταιγίδα** (θηλ.)	[katejíða]
lightning (~ strike)	**αστραπή** (θηλ.)	[astrapí]
to flash (vi)	**αστράπτω**	[astrápto]
thunder	**βροντή** (θηλ.)	[vrondí]
to thunder (vi)	**βροντάω**	[vrondáo]
it's thundering	**βροντάει**	[vrondái]
hail	**χαλάζι** (ουδ.)	[xalʲázi]
it's hailing	**ρίχνει χαλάζι**	[ríxni xalʲázi]
to flood (vt)	**πλημμυρίζω**	[plimirízo]
flood, inundation	**πλημμύρα** (θηλ.)	[plimíra]
earthquake	**σεισμός** (αρ.)	[sizmós]
tremor, shoke	**δόνηση** (θηλ.)	[ðónisi]
epicenter	**επίκεντρο** (ουδ.)	[epíkendro]
eruption	**έκρηξη** (θηλ.)	[ékriksi]
lava	**λάβα** (θηλ.)	[lʲáva]
twister	**ανεμοστρόβιλος** (αρ.)	[anemostróvilʲos]
tornado	**σίφουνας** (αρ.)	[sífunas]
typhoon	**τυφώνας** (αρ.)	[tifónas]
hurricane	**τυφώνας** (αρ.)	[tifónas]
storm	**καταιγίδα** (θηλ.)	[katejíða]
tsunami	**τσουνάμι** (ουδ.)	[tsunámi]
cyclone	**κυκλώνας** (αρ.)	[kiklʲónas]
bad weather	**κακοκαιρία** (θηλ.)	[kakokería]
fire (accident)	**φωτιά, πυρκαγιά** (θηλ.)	[fotiá], [pirkajá]
disaster	**καταστροφή** (θηλ.)	[katastrofí]
meteorite	**μετεωρίτης** (αρ.)	[meteorítis]
avalanche	**χιονοστιβάδα** (θηλ.)	[xonostiváða]
snowslide	**χιονοστιβάδα** (θηλ.)	[xonostiváða]
blizzard	**χιονοθύελλα** (θηλ.)	[xonoθíelʲa]
snowstorm	**χιονοθύελλα** (θηλ.)	[xonoθíelʲa]

T&P BOOKS

FAUNA

T&P Books Publishing

87. Mammals. Predators

predator	**θηρευτής** (ουδ.)	[θireftís]
tiger	**τίγρη** (θηλ.), **τίγρης** (αρ.)	[tíɣri], [tíɣris]
lion	**λιοντάρι** (ουδ.)	[liondári]
wolf	**λύκος** (αρ.)	[líkos]
fox	**αλεπού** (θηλ.)	[alepú]
jaguar	**ιαγουάρος** (αρ.)	[jaɣuáros]
leopard	**λεοπάρδαλη** (θηλ.)	[leopárðali]
cheetah	**γατόπαρδος** (αρ.)	[ɣatóparðos]
black panther	**πάνθηρας** (αρ.)	[pánθiras]
puma	**πούμα** (ουδ.)	[púma]
snow leopard	**λεοπάρδαλη** (θηλ.) **των χιόνων**	[leopárðali ton xiónon]
lynx	**λύγκας** (αρ.)	[língas]
coyote	**κογιότ** (ουδ.)	[kojiót]
jackal	**τσακάλι** (ουδ.)	[tsakáli]
hyena	**ύαινα** (θηλ.)	[íena]

88. Wild animals

animal	**ζώο** (ουδ.)	[zóo]
beast (animal)	**θηρίο** (ουδ.)	[θirío]
squirrel	**σκίουρος** (αρ.)	[skíuros]
hedgehog	**σκαντζόχοιρος** (αρ.)	[skandzóxiros]
hare	**λαγός** (αρ.)	[lʲaɣós]
rabbit	**κουνέλι** (ουδ.)	[kunéli]
badger	**ασβός** (αρ.)	[azvós]
raccoon	**ρακούν** (ουδ.)	[rakún]
hamster	**χάμστερ** (ουδ.)	[xámster]
marmot	**μυωξός** (αρ.)	[mioksós]
mole	**τυφλοπόντικας** (αρ.)	[tiflʲopóndikas]
mouse	**ποντίκι** (ουδ.)	[pondíki]
rat	**αρουραίος** (αρ.)	[aruréos]
bat	**νυχτερίδα** (θηλ.)	[nixteríða]
ermine	**ερμίνα** (θηλ.)	[ermína]
sable	**σαμούρι** (ουδ.)	[samúri]

marten	**κουνάβι** (ουδ.)	[kunávi]
weasel	**νυφίτσα** (θηλ.)	[nifítsa]
mink	**βιζόν** (ουδ.)	[vizón]
beaver	**κάστορας** (αρ.)	[kástoras]
otter	**ενυδρίδα** (θηλ.)	[eniðríða]
horse	**άλογο** (ουδ.)	[álʲoɣo]
moose	**άλκη** (θηλ.)	[álʲki]
deer	**ελάφι** (ουδ.)	[elʲáfi]
camel	**καμήλα** (θηλ.)	[kamílʲa]
bison	**βίσονας** (αρ.)	[vísonas]
wisent	**βόνασος** (αρ.)	[vónasos]
buffalo	**βούβαλος** (αρ.)	[vúvalʲos]
zebra	**ζέβρα** (θηλ.)	[zévra]
antelope	**αντιλόπη** (θηλ.)	[andilʲópi]
roe deer	**ζαρκάδι** (ουδ.)	[zarkáði]
fallow deer	**ντάμα ντάμα** (ουδ.)	[dáma dáma]
chamois	**αγριόγιδο** (ουδ.)	[aɣrióʝiðo]
wild boar	**αγριογούρουνο** (αρ.)	[aɣrioɣúruno]
whale	**φάλαινα** (θηλ.)	[fálena]
seal	**φώκια** (θηλ.)	[fókia]
walrus	**θαλάσσιος ίππος** (αρ.)	[θalʲásios ípos]
fur seal	**γουνοφόρα φώκια** (θηλ.)	[ɣunofóra fóka]
dolphin	**δελφίνι** (ουδ.)	[ðelʲfíni]
bear	**αρκούδα** (θηλ.)	[arkúða]
polar bear	**πολική αρκούδα** (θηλ.)	[polikí arkúða]
panda	**πάντα** (ουδ.)	[pánda]
monkey	**μαϊμού** (θηλ.)	[majmú]
chimpanzee	**χιμπαντζής** (ουδ.)	[xibadzís]
orangutan	**ουραγκοτάγκος** (αρ.)	[urangotángos]
gorilla	**γορίλας** (αρ.)	[ɣorílʲas]
macaque	**μακάκας** (αρ.)	[makákas]
gibbon	**γίββωνας** (αρ.)	[ʝívonas]
elephant	**ελέφαντας** (αρ.)	[eléfandas]
rhinoceros	**ρινόκερος** (αρ.)	[rinókeros]
giraffe	**καμηλοπάρδαλη** (θηλ.)	[kamilʲopárðali]
hippopotamus	**ιπποπόταμος** (αρ.)	[ipopótamos]
kangaroo	**καγκουρό** (ουδ.)	[kanguró]
koala (bear)	**κοάλα** (ουδ.)	[koálʲa]
mongoose	**μαγκούστα** (θηλ.)	[mangústa]
chinchilla	**τσιντσιλά** (ουδ.)	[tsintsilʲá]
skunk	**μεφίτιδα** (θηλ.)	[mefítiða]
porcupine	**ακανθόχοιρος** (αρ.)	[akanθóxiros]

89. Domestic animals

cat	**γάτα** (θηλ.)	[ɣáta]
tomcat	**γάτος** (αρ.)	[ɣátos]
dog	**σκύλος** (αρ.)	[skílʲos]
horse	**άλογο** (ουδ.)	[álʲoɣo]
stallion (male horse)	**επιβήτορας** (αρ.)	[epivítoras]
mare	**φοράδα** (θηλ.)	[foráða]
cow	**αγελάδα** (θηλ.)	[aʝelʲáða]
bull	**ταύρος** (αρ.)	[távros]
ox	**βόδι** (ουδ.)	[vóði]
sheep (ewe)	**πρόβατο** (ουδ.)	[próvato]
ram	**κριάρι** (ουδ.)	[kriári]
goat	**κατσίκα, γίδα** (θηλ.)	[katsíka], [ʝíða]
billy goat, he-goat	**τράγος** (αρ.)	[tráɣos]
donkey	**γάιδαρος** (αρ.)	[ɣáiðaros]
mule	**μουλάρι** (ουδ.)	[mulʲári]
pig, hog	**γουρούνι** (ουδ.)	[ɣurúni]
piglet	**γουρουνάκι** (ουδ.)	[ɣurunáki]
rabbit	**κουνέλι** (ουδ.)	[kunéli]
hen (chicken)	**κότα** (θηλ.)	[kóta]
rooster	**πετεινός, κόκορας** (αρ.)	[petinós], [kókoras]
duck	**πάπια** (θηλ.)	[pápia]
drake	**αρσενική πάπια** (θηλ.)	[arsenikí pápia]
goose	**χήνα** (θηλ.)	[xína]
tom turkey, gobbler	**γάλος** (αρ.)	[ɣálʲos]
turkey (hen)	**γαλοπούλα** (θηλ.)	[ɣalʲopúlʲa]
domestic animals	**κατοικίδια** (ουδ.πλ.)	[katikíðia]
tame (e.g., ~ hamster)	**κατοικίδιος**	[katikíðios]
to tame (vt)	**δαμάζω**	[ðamázo]
to breed (vt)	**εκτρέφω**	[ektréfo]
farm	**αγρόκτημα** (ουδ.)	[aɣróktima]
poultry	**πουλερικό** (ουδ.)	[pulerikó]
cattle	**βοοειδή** (ουδ.πλ.)	[vooiðí]
herd (cattle)	**κοπάδι** (ουδ.)	[kopáði]
stable	**στάβλος** (αρ.)	[stávlʲos]
pigpen	**χοιροστάσιο** (ουδ.)	[xirostásio]
cowshed	**βουστάσιο** (ουδ.)	[vustásio]
rabbit hutch	**κλουβί κουνελιού** (ουδ.)	[klʲuví kuneliú]
hen house	**κοτέτσι** (ουδ.)	[kotétsi]

90. Birds

bird	**πουλί** (ουδ.)	[pulí]
pigeon	**περιστέρι** (ουδ.)	[peristéri]
sparrow	**σπουργίτι** (ουδ.)	[spurʝíti]
tit (great tit)	**καλόγερος** (αρ.)	[kalʲóʝeros]
magpie	**καρακάξα** (θηλ.)	[karakáksa]
raven	**κόρακας** (αρ.)	[kórakas]
crow	**κουρούνα** (θηλ.)	[kurúna]
jackdaw	**κάργα** (θηλ.)	[kárɣa]
rook	**χαβαρόνι** (ουδ.)	[xavaróni]
duck	**πάπια** (θηλ.)	[pápia]
goose	**χήνα** (θηλ.)	[xína]
pheasant	**φασιανός** (αρ.)	[fasianós]
eagle	**αετός** (αρ.)	[aetós]
hawk	**γεράκι** (ουδ.)	[ʝeráki]
falcon	**γεράκι** (ουδ.)	[ʝeráki]
vulture	**γύπας** (αρ.)	[ʝípas]
condor (Andean ~)	**κόνδορας** (αρ.)	[kónðoras]
swan	**κύκνος** (αρ.)	[kíknos]
crane	**γερανός** (αρ.)	[ʝeranós]
stork	**πελαργός** (αρ.)	[pelʲarɣós]
parrot	**παπαγάλος** (αρ.)	[papaɣálʲos]
hummingbird	**κολιμπρί** (ουδ.)	[kolibrí]
peacock	**παγόνι** (ουδ.)	[paɣóni]
ostrich	**στρουθοκάμηλος** (αρ.)	[struθokámilʲos]
heron	**τσικνιάς** (αρ.)	[tsikniás]
flamingo	**φλαμίγκο** (ουδ.)	[flʲamíngo]
pelican	**πελεκάνος** (αρ.)	[pelekános]
nightingale	**αηδόνι** (ουδ.)	[aiðóni]
swallow	**χελιδόνι** (ουδ.)	[xeliðóni]
thrush	**τσίχλα** (θηλ.)	[tsíxlʲa]
song thrush	**κελαηδότσιχλα** (θηλ.)	[kelaiðótsixlʲa]
blackbird	**κοτσύφι** (ουδ.)	[kotsífi]
swift	**σταχτάρα** (θηλ.)	[staxtára]
lark	**κορυδαλλός** (αρ.)	[koriðalʲós]
quail	**ορτύκι** (ουδ.)	[ortíki]
woodpecker	**δρυοκολάπτης** (αρ.)	[ðriokolʲáptis]
cuckoo	**κούκος** (αρ.)	[kúkos]
owl	**κουκουβάγια** (θηλ.)	[kukuváʝa]
eagle owl	**μπούφος** (αρ.)	[búfos]

wood grouse	αγριόκουρκος (αρ.)	[aɣriókurkos]
black grouse	λυροπετεινός (αρ.)	[liropetinós]
partridge	πέρδικα (θηλ.)	[pérðika]

starling	ψαρόνι (ουδ.)	[psaróni]
canary	καναρίνι (ουδ.)	[kanaríni]
hazel grouse	αγριόκοτα (θηλ.)	[aɣriókota]
chaffinch	σπίνος (αρ.)	[spínos]
bullfinch	πύρρουλα (αρ.)	[pírulʲa]

seagull	γλάρος (αρ.)	[ɣlʲáros]
albatross	άλμπατρος (ουδ.)	[álʲbatros]
penguin	πιγκουίνος (αρ.)	[pinguínos]

91. Fish. Marine animals

bream	αβραμίδα (θηλ.)	[avramíða]
carp	κυπρίνος (αρ.)	[kiprínos]
perch	πέρκα (θηλ.)	[pérka]
catfish	γουλιανός (αρ.)	[ɣulianós]
pike	λούτσος (αρ.)	[lʲútsos]

| salmon | σολομός (αρ.) | [solʲomós] |
| sturgeon | οξύρυγχος (αρ.) | [oksírinxos] |

| herring | ρέγγα (θηλ.) | [rénga] |
| Atlantic salmon | σολομός του Ατλαντικού (αρ.) | [solʲomós tu atlʲandikú] |

| mackerel | σκουμπρί (ουδ.) | [skumbrí] |
| flatfish | πλατύψαρο (ουδ.) | [plʲatípsaro] |

zander, pike perch	ποταμολάβρακο (ουδ.)	[potamolʲávrako]
cod	μπακαλιάρος (αρ.)	[bakaliáros]
tuna	τόνος (αρ.)	[tónos]
trout	πέστροφα (θηλ.)	[péstrofa]

eel	χέλι (ουδ.)	[xéli]
electric ray	μουδιάστρα (θηλ.)	[muðiástra]
moray eel	σμέρνα (θηλ.)	[zmérna]
piranha	πιράνχας (ουδ.)	[piránxas]

shark	καρχαρίας (αρ.)	[karxarías]
dolphin	δελφίνι (ουδ.)	[ðelʲfíni]
whale	φάλαινα (θηλ.)	[fálena]

crab	καβούρι (ουδ.)	[kavúri]
jellyfish	μέδουσα (θηλ.)	[méðusa]
octopus	χταπόδι (ουδ.)	[xtapóði]
starfish	αστερίας (αρ.)	[asterías]
sea urchin	αχινός (αρ.)	[axinós]

seahorse	ιππόκαμπος (αρ.)	[ipókambos]
oyster	στρείδι (ουδ.)	[stríði]
shrimp	γαρίδα (θηλ.)	[ɣaríða]
lobster	αστακός (αρ.)	[astakós]
spiny lobster	ακανθωτός αστακός (αρ.)	[akanθotós astakós]

92. Amphibians. Reptiles

| snake | φίδι (ουδ.) | [fíði] |
| venomous (snake) | δηλητηριώδης | [ðilitirióðis] |

viper	οχιά (θηλ.)	[oxiá]
cobra	κόμπρα (θηλ.)	[kóbra]
python	πύθωνας (αρ.)	[píθonas]
boa	βόας (αρ.)	[vóas]

grass snake	νερόφιδο (ουδ.)	[nerófiðo]
rattle snake	κροταλίας (αρ.)	[krotalías]
anaconda	ανακόντα (θηλ.)	[anakónda]

lizard	σαύρα (θηλ.)	[sávra]
iguana	ιγκουάνα (θηλ.)	[iguána]
monitor lizard	βαράνος (αρ.)	[varános]
salamander	σαλαμάντρα (θηλ.)	[salʲamándra]
chameleon	χαμαιλέοντας (αρ.)	[xameléondas]
scorpion	σκορπιός (αρ.)	[skorpiós]

turtle	χελώνα (θηλ.)	[xelʲóna]
frog	βάτραχος (αρ.)	[vátraxos]
toad	φρύνος (αρ.)	[frínos]
crocodile	κροκόδειλος (αρ.)	[krokóðilʲos]

93. Insects

insect, bug	έντομο (ουδ.)	[éndomo]
butterfly	πεταλούδα (θηλ.)	[petalʲúða]
ant	μυρμήγκι (ουδ.)	[mirmíngi]
fly	μύγα (θηλ.)	[míɣa]
mosquito	κουνούπι (ουδ.)	[kunúpi]
beetle	σκαθάρι (ουδ.)	[skaθári]

wasp	σφήκα (θηλ.)	[sfíka]
bee	μέλισσα (θηλ.)	[mélisa]
bumblebee	βομβίνος (αρ.)	[vomvínos]
gadfly (botfly)	οίστρος (αρ.)	[ístros]

| spider | αράχνη (θηλ.) | [aráxni] |
| spiderweb | ιστός αράχνης (αρ.) | [istós aráxnis] |

dragonfly	**λιβελούλα** (θηλ.)	[livelʲúlʲa]
grasshopper	**ακρίδα** (θηλ.)	[akríða]
moth (night butterfly)	**νυχτοπεταλούδα** (θηλ.)	[nixtopetalʲúða]
cockroach	**κατσαρίδα** (θηλ.)	[katsaríða]
tick	**ακάρι** (ουδ.)	[akári]
flea	**ψύλλος** (αρ.)	[psílʲos]
midge	**μυγάκι** (ουδ.)	[miɣáki]
locust	**ακρίδα** (θηλ.)	[akríða]
snail	**σαλιγκάρι** (ουδ.)	[salingári]
cricket	**γρύλος** (αρ.)	[ɣrílʲos]
lightning bug	**πυγολαμπίδα** (θηλ.)	[piɣolʲambíða]
ladybug	**πασχαλίτσα** (θηλ.)	[pasxalítsa]
cockchafer	**μηλολόνθη** (θηλ.)	[milʲolʲónθi]
leech	**βδέλλα** (θηλ.)	[vðélʲa]
caterpillar	**κάμπια** (θηλ.)	[kámbia]
earthworm	**σκουλήκι** (ουδ.)	[skulíki]
larva	**σκώληκας** (αρ.)	[skólikas]

T&P BOOKS

FLORA

T&P Books Publishing

94. Trees

tree	**δέντρο** (ουδ.)	[ðéndro]
deciduous (adj)	**φυλλοβόλος**	[filʲovólʲos]
coniferous (adj)	**κωνοφόρος**	[konofóros]
evergreen (adj)	**αειθαλής**	[aiθalís]
apple tree	**μηλιά** (θηλ.)	[miliá]
pear tree	**αχλαδιά** (θηλ.)	[axlʲaðiá]
sweet cherry tree	**κερασιά** (θηλ.)	[kerasiá]
sour cherry tree	**βυσσινιά** (θηλ.)	[visiniá]
plum tree	**δαμασκηνιά** (θηλ.)	[ðamaskiniá]
birch	**σημύδα** (θηλ.)	[simíða]
oak	**βελανιδιά** (θηλ.)	[velʲaniðiá]
linden tree	**φλαμουριά** (θηλ.)	[flʲamuriá]
aspen	**λεύκα** (θηλ.)	[léfka]
maple	**σφεντάμι** (ουδ.)	[sfendámi]
spruce	**έλατο** (ουδ.)	[élʲato]
pine	**πεύκο** (ουδ.)	[péfko]
larch	**λάριξ** (θηλ.)	[lʲáriks]
fir tree	**ελάτη** (θηλ.)	[elʲáti]
cedar	**κέδρος** (αρ.)	[kéðros]
poplar	**λεύκα** (θηλ.)	[léfka]
rowan	**σουρβιά** (θηλ.)	[surviá]
willow	**ιτιά** (θηλ.)	[itiá]
alder	**σκλήθρα** (θηλ.)	[sklíθra]
beech	**οξιά** (θηλ.)	[oksiá]
elm	**φτελιά** (θηλ.)	[fteliá]
ash (tree)	**μέλεγος** (αρ.)	[méleɣos]
chestnut	**καστανιά** (θηλ.)	[kastaniá]
magnolia	**μανόλια** (θηλ.)	[manólia]
palm tree	**φοίνικας** (αρ.)	[fínikas]
cypress	**κυπαρίσσι** (ουδ.)	[kiparísi]
mangrove	**μανγκρόβιο** (ουδ.)	[mangróvio]
baobab	**μπάομπαμπ** (ουδ.)	[báobab]
eucalyptus	**ευκάλυπτος** (αρ.)	[efkáliptos]
sequoia	**σεκόγια** (θηλ.)	[sekója]

95. Shrubs

bush	**θάμνος** (αρ.)	[θámnos]
shrub	**θάμνος** (αρ.)	[θámnos]
grapevine	**αμπέλι** (ουδ.)	[ambéli]
vineyard	**αμπέλι** (ουδ.)	[ambéli]
raspberry bush	**σμεουριά** (θηλ.)	[zmeuriá]
blackcurrant bush	**μαύρο φραγκοστάφυλο** (ουδ.)	[mávro frangostáfilʲo]
redcurrant bush	**κόκκινο φραγκοστάφυλο** (ουδ.)	[kókino frangostáfilʲo]
gooseberry bush	**λαγοκέρασο** (ουδ.)	[lʲaɣokéraso]
acacia	**ακακία** (θηλ.)	[akakía]
barberry	**βερβερίδα** (θηλ.)	[ververíða]
jasmine	**γιασεμί** (ουδ.)	[ʝasemí]
juniper	**άρκευθος** (θηλ.)	[árkefθos]
rosebush	**τριανταφυλλιά** (θηλ.)	[triandafiliá]
dog rose	**αγριοτριανταφυλλιά** (θηλ.)	[aɣriotriandafiliá]

96. Fruits. Berries

fruit	**φρούτο** (ουδ.)	[frúto]
fruits	**φρούτα** (ουδ.πλ.)	[frúta]
apple	**μήλο** (ουδ.)	[mílʲo]
pear	**αχλάδι** (ουδ.)	[axlʲáði]
plum	**δαμάσκηνο** (ουδ.)	[ðamáskino]
strawberry (garden ~)	**φράουλα** (θηλ.)	[fráulʲa]
sour cherry	**βύσσινο** (ουδ.)	[vísino]
sweet cherry	**κεράσι** (ουδ.)	[kerási]
grape	**σταφύλι** (ουδ.)	[stafíli]
raspberry	**σμέουρο** (ουδ.)	[zméuro]
blackcurrant	**μαύρο φραγκοστάφυλο** (ουδ.)	[mávro frangostáfilʲo]
redcurrant	**κόκκινο φραγκοστάφυλο** (ουδ.)	[kókino frangostáfilʲo]
gooseberry	**λαγοκέρασο** (ουδ.)	[lʲaɣokéraso]
cranberry	**κράνμπερι** (ουδ.)	[kránberi]
orange	**πορτοκάλι** (ουδ.)	[portokáli]
mandarin	**μανταρίνι** (ουδ.)	[mandaríni]
pineapple	**ανανάς** (αρ.)	[ananás]
banana	**μπανάνα** (θηλ.)	[banána]
date	**χουρμάς** (αρ.)	[xurmás]

lemon	**λεμόνι** (ουδ.)	[lemóni]
apricot	**βερίκοκο** (ουδ.)	[veríkoko]
peach	**ροδάκινο** (ουδ.)	[roðákino]
kiwi	**ακτινίδιο** (ουδ.)	[aktiníðio]
grapefruit	**γκρέιπφρουτ** (ουδ.)	[gréjpfrut]
berry	**μούρο** (ουδ.)	[múro]
berries	**μούρα** (ουδ.πλ.)	[múra]
wild strawberry	**χαμοκέρασο** (ουδ.)	[kxamokéraso]
bilberry	**μύρτιλλο** (ουδ.)	[mírtilʲo]

97. Flowers. Plants

flower	**λουλούδι** (ουδ.)	[lʲulʲúði]
bouquet (of flowers)	**ανθοδέσμη** (θηλ.)	[anθoðézmi]
rose (flower)	**τριαντάφυλλο** (ουδ.)	[triandáfilʲo]
tulip	**τουλίπα** (θηλ.)	[tulípa]
carnation	**γαρίφαλο** (ουδ.)	[ɣarífalʲo]
gladiolus	**γλαδιόλα** (θηλ.)	[ɣlʲaðiólʲa]
cornflower	**κενταύρια** (θηλ.)	[kentávria]
harebell	**καμπανούλα** (θηλ.)	[kampanúlʲa]
dandelion	**ταραξάκο** (ουδ.)	[taraksáko]
camomile	**χαμομήλι** (ουδ.)	[xamomíli]
aloe	**αλόη** (θηλ.)	[alʲói]
cactus	**κάκτος** (αρ.)	[káktos]
rubber plant, ficus	**φίκος** (αρ.)	[fíkos]
lily	**κρίνος** (αρ.)	[krínos]
geranium	**γεράνι** (ουδ.)	[jeráni]
hyacinth	**υάκινθος** (αρ.)	[iákinθos]
mimosa	**μιμόζα** (θηλ.)	[mimóza]
narcissus	**νάρκισσος** (αρ.)	[nárkisos]
nasturtium	**καπουτσίνος** (αρ.)	[kaputsínos]
orchid	**ορχιδέα** (θηλ.)	[orxiðéa]
peony	**παιώνια** (θηλ.)	[peónia]
violet	**μενεξές** (αρ.), **βιολέτα** (θηλ.)	[meneksés], [violéta]
pansy	**βιόλα η τρίχρωμη** (θηλ.)	[viólʲa i tríxromi]
forget-me-not	**μη-με-λησμόνει** (ουδ.)	[mi-me-lizmóni]
daisy	**μαργαρίτα** (θηλ.)	[marɣaríta]
poppy	**παπαρούνα** (θηλ.)	[paparúna]
hemp	**κάνναβη** (θηλ.)	[kánavi]
mint	**μέντα** (θηλ.)	[ménda]
lily of the valley	**μιγκέ** (ουδ.)	[mingé]

snowdrop	**γάλανθος ο χιονώδης** (αρ.)	[ɣálʲanθos oxonóðis]
nettle	**τσουκνίδα** (θηλ.)	[tsukníða]
sorrel	**λάπαθο** (ουδ.)	[lʲápaθo]
water lily	**νούφαρο** (ουδ.)	[núfaro]
fern	**φτέρη** (θηλ.)	[ftéri]
lichen	**λειχήνα** (θηλ.)	[lixína]
conservatory (greenhouse)	**θερμοκήπιο** (ουδ.)	[θermokípio]
lawn	**γκαζόν** (ουδ.)	[gazón]
flowerbed	**παρτέρι** (ουδ.)	[partéri]
plant	**φυτό** (ουδ.)	[fitó]
grass	**χορτάρι** (ουδ.)	[xortári]
blade of grass	**χορταράκι** (ουδ.)	[xortaráki]
leaf	**φύλλο** (ουδ.)	[fílʲo]
petal	**πέταλο** (ουδ.)	[pétalʲo]
stem	**βλαστός** (αρ.)	[vlʲastós]
tuber	**βολβός** (αρ.)	[volʲvós]
young plant (shoot)	**βλαστάρι** (ουδ.)	[vlʲastári]
thorn	**αγκάθι** (ουδ.)	[angáθi]
to blossom (vi)	**ανθίζω**	[anθízo]
to fade, to wither	**ξεραίνομαι**	[kserénome]
smell (odor)	**μυρωδιά** (θηλ.)	[miroðiá]
to cut (flowers)	**κόβω**	[kóvo]
to pick (a flower)	**μαζεύω**	[mazévo]

98. Cereals, grains

grain	**σιτηρά** (ουδ.πλ.)	[sitirá]
cereal crops	**δημητριακών** (ουδ.πλ.)	[ðimitriakón]
ear (of barley, etc.)	**στάχυ** (ουδ.)	[stáxi]
wheat	**σιτάρι** (ουδ.)	[sitári]
rye	**σίκαλη** (θηλ.)	[síkali]
oats	**βρώμη** (θηλ.)	[vrómi]
millet	**κεχρί** (ουδ.)	[kexrí]
barley	**κριθάρι** (ουδ.)	[kriθári]
corn	**καλαμπόκι** (ουδ.)	[kalʲambóki]
rice	**ρύζι** (ουδ.)	[rízi]
buckwheat	**μαυροσίταρο** (ουδ.)	[mavrosítaro]
pea plant	**αρακάς** (αρ.), **μπιζελιά** (θηλ.)	[arakás], [bizeliá]
kidney bean	**κόκκινο φασόλι** (ουδ.)	[kókino fasóli]
soy	**σόγια** (θηλ.)	[sója]
lentil	**φακή** (θηλ.)	[fakí]
beans (pulse crops)	**κουκί** (ουδ.)	[kukí]

COUNTRIES OF THE WORLD

T&P Books Publishing

99. Countries. Part 1

Afghanistan	**Αφγανιστάν** (ουδ.)	[afɣanistán]
Albania	**Αλβανία** (θηλ.)	[alʲvanía]
Argentina	**Αργεντινή** (θηλ.)	[arʝendiní]
Armenia	**Αρμενία** (θηλ.)	[armenía]
Australia	**Αυστραλία** (θηλ.)	[afstralía]
Austria	**Αυστρία** (θηλ.)	[afstría]
Azerbaijan	**Αζερμπαϊτζάν** (ουδ.)	[azerbajdzán]
The Bahamas	**Μπαχάμες** (θηλ.πλ.)	[baxámes]
Bangladesh	**Μπαγκλαντές** (ουδ.)	[banglʲadés]
Belarus	**Λευκορωσία** (θηλ.)	[lefkorosía]
Belgium	**Βέλγιο** (ουδ.)	[vélʲʝo]
Bolivia	**Βολιβία** (θηλ.)	[volivía]
Bosnia and Herzegovina	**Βοσνία-Ερζεγοβίνη** (θηλ.)	[voznía erzeɣovini]
Brazil	**Βραζιλία** (θηλ.)	[vrazilía]
Bulgaria	**Βουλγαρία** (θηλ.)	[vulʲɣaría]
Cambodia	**Καμπότζη** (θηλ.)	[kabódzi]
Canada	**Καναδάς** (αρ.)	[kanaðás]
Chile	**Χιλή** (θηλ.)	[xilí]
China	**Κίνα** (θηλ.)	[kína]
Colombia	**Κολομβία** (θηλ.)	[kolʲomvía]
Croatia	**Κροατία** (θηλ.)	[kroatía]
Cuba	**Κούβα** (θηλ.)	[kúva]
Cyprus	**Κύπρος** (θηλ.)	[kípros]
Czech Republic	**Τσεχία** (θηλ.)	[tsexía]
Denmark	**Δανία** (θηλ.)	[ðanía]
Dominican Republic	**Δομινικανή Δημοκρατία** (θηλ.)	[ðominikaní ðimokratía]
Ecuador	**Εκουαδόρ** (ουδ.)	[ekuaðór]
Egypt	**Αίγυπτος** (θηλ.)	[éʝiptos]
England	**Αγγλία** (θηλ.)	[anglía]
Estonia	**Εσθονία** (θηλ.)	[esθonía]
Finland	**Φινλανδία** (θηλ.)	[finlʲanðía]
France	**Γαλλία** (θηλ.)	[ɣalía]
French Polynesia	**Γαλλική Πολυνησία** (θηλ.)	[ɣalikí polinisía]
Georgia	**Γεωργία** (θηλ.)	[ʝeorʝía]
Germany	**Γερμανία** (θηλ.)	[ʝermanía]
Ghana	**Γκάνα** (θηλ.)	[gána]
Great Britain	**Μεγάλη Βρετανία** (θηλ.)	[meɣáli vretanía]
Greece	**Ελλάδα** (θηλ.)	[elʲáða]
Haiti	**Αϊτή** (θηλ.)	[aití]
Hungary	**Ουγγαρία** (θηλ.)	[ungaría]

100. Countries. Part 2

Iceland	**Ισλανδία** (θηλ.)	[islʲanðía]
India	**Ινδία** (θηλ.)	[inðía]
Indonesia	**Ινδονησία** (θηλ.)	[inðonisía]
Iran	**Ιράν** (ουδ.)	[irán]
Iraq	**Ιράκ** (ουδ.)	[irák]
Ireland	**Ιρλανδία** (θηλ.)	[irlʲanðía]
Israel	**Ισραήλ** (ουδ.)	[izraílʲ]
Italy	**Ιταλία** (θηλ.)	[italía]
Jamaica	**Τζαμάικα** (θηλ.)	[dzamájka]
Japan	**Ιαπωνία** (θηλ.)	[japonía]
Jordan	**Ιορδανία** (θηλ.)	[iorðanía]
Kazakhstan	**Καζακστάν** (ουδ.)	[kazakstán]
Kenya	**Κένυα** (θηλ.)	[kénia]
Kirghizia	**Κιργιζία** (ουδ.)	[kirʝizía]
Kuwait	**Κουβέιτ** (ουδ.)	[kuvéjt]
Laos	**Λάος** (ουδ.)	[lʲáos]
Latvia	**Λετονία** (θηλ.)	[letonía]
Lebanon	**Λίβανος** (αρ.)	[lívanos]
Libya	**Λιβύη** (θηλ.)	[livíi]
Liechtenstein	**Λίχτενσταϊν** (ουδ.)	[líxtenstajn]
Lithuania	**Λιθουανία** (θηλ.)	[liθuanía]
Luxembourg	**Λουξεμβούργο** (ουδ.)	[lʲuksemvúrɣo]
Macedonia (Republic of ~)	**Μακεδονία** (θηλ.)	[makeðonía]
Madagascar	**Μαδαγασκάρη** (θηλ.)	[maðaɣaskári]
Malaysia	**Μαλαισία** (θηλ.)	[malesía]
Malta	**Μάλτα** (θηλ.)	[málʲta]
Mexico	**Μεξικό** (ουδ.)	[meksikó]
Moldova, Moldavia	**Μολδαβία** (θηλ.)	[molʲðavía]
Monaco	**Μονακό** (ουδ.)	[monakó]
Mongolia	**Μογγολία** (θηλ.)	[mongolía]
Montenegro	**Μαυροβούνιο** (ουδ.)	[mavrovúnio]
Morocco	**Μαρόκο** (ουδ.)	[maróko]
Myanmar	**Μιανμάρ** (ουδ.)	[mianmár]
Namibia	**Ναμίμπια** (θηλ.)	[namíbia]
Nepal	**Νεπάλ** (ουδ.)	[nepálʲ]
Netherlands	**Κάτω Χώρες** (θηλ.πλ.)	[káto xóres]
New Zealand	**Νέα Ζηλανδία** (θηλ.)	[néa zilʲanðía]
North Korea	**Βόρεια Κορέα** (θηλ.)	[vória koréa]
Norway	**Νορβηγία** (θηλ.)	[norviʝía]

101. Countries. Part 3

Pakistan	**Πακιστάν** (ουδ.)	[pakistán]
Palestine	**Παλαιστίνη** (θηλ.)	[palestíni]

Panama	**Παναμάς** (αρ.)	[panamás]
Paraguay	**Παραγουάη** (θηλ.)	[paraɣuái]
Peru	**Περού** (ουδ.)	[perú]
Poland	**Πολωνία** (θηλ.)	[polʲonía]
Portugal	**Πορτογαλία** (θηλ.)	[portoɣalía]
Romania	**Ρουμανία** (θηλ.)	[rumanía]
Russia	**Ρωσία** (θηλ.)	[rosía]
Saudi Arabia	**Σαουδική Αραβία** (θηλ.)	[sauðikí aravia]
Scotland	**Σκοτία** (θηλ.)	[skotía]
Senegal	**Σενεγάλη** (θηλ.)	[seneɣáli]
Serbia	**Σερβία** (θηλ.)	[servía]
Slovakia	**Σλοβακία** (θηλ.)	[slʲovakía]
Slovenia	**Σλοβενία** (θηλ.)	[slʲovenía]
South Africa	**Δημοκρατία της Νότιας Αφρικής** (θηλ.)	[ðimokratía tis nótias afrikís]
South Korea	**Νότια Κορέα** (θηλ.)	[nótia koréa]
Spain	**Ισπανία** (θηλ.)	[ispanía]
Suriname	**Σούριναμ** (ουδ.)	[súrinam]
Sweden	**Σουηδία** (θηλ.)	[suiðía]
Switzerland	**Ελβετία** (θηλ.)	[elʲvetía]
Syria	**Συρία** (θηλ.)	[siría]
Taiwan	**Ταϊβάν** (θηλ.)	[tajván]
Tajikistan	**Τατζικιστάν** (ουδ.)	[tadzikistán]
Tanzania	**Τανζανία** (θηλ.)	[tanzanía]
Tasmania	**Τασμανία** (θηλ.)	[tazmanía]
Thailand	**Ταϊλάνδη** (θηλ.)	[tajlʲánði]
Tunisia	**Τυνησία** (θηλ.)	[tinisía]
Turkey	**Τουρκία** (θηλ.)	[turkía]
Turkmenistan	**Τουρκμενιστάν** (ουδ.)	[turkmenistán]
Ukraine	**Ουκρανία** (θηλ.)	[ukranía]
United Arab Emirates	**Ηνωμένα Αραβικά Εμιράτα** (θηλ.πλ.)	[inoména araviká emiráta]
United States of America	**Ηνωμένες Πολιτείες Αμερικής** (θηλ.πλ.)	[inoménes polities amerikís]
Uruguay	**Ουρουγουάη** (θηλ.)	[uruɣuái]
Uzbekistan	**Ουζμπεκιστάν** (ουδ.)	[uzbekistán]
Vatican	**Βατικανό** (ουδ.)	[vatikanó]
Venezuela	**Βενεζουέλα** (θηλ.)	[venezuélʲa]
Vietnam	**Βιετνάμ** (ουδ.)	[vietnám]
Zanzibar	**Ζανζιβάρη** (θηλ.)	[zanzivári]

T&P BOOKS

GASTRONOMIC GLOSSARY

This section contains a lot of
words and terms associated
with food. This dictionary will
make it easier for you to
understand the menu at a
restaurant and choose
the right dish

T&P Books Publishing

English-Greek gastronomic glossary

aftertaste	**επίγευση** (θηλ.)	[epʝefsi]
almond	**αμύγδαλο** (ουδ.)	[amíɣðalʲo]
anise	**γλυκάνισος** (αρ.)	[ɣlikánisos]
aperitif	**απεριτίφ** (ουδ.)	[aperitíf]
appetite	**όρεξη** (θηλ.)	[óreksi]
appetizer	**ορεκτικό** (ουδ.)	[orektikó]
apple	**μήλο** (ουδ.)	[mílʲo]
apricot	**βερίκοκο** (ουδ.)	[veríkoko]
artichoke	**αγκινάρα** (θηλ.)	[anginára]
asparagus	**σπαράγγι** (ουδ.)	[sparángi]
Atlantic salmon	**σολομός του Ατλαντικού** (αρ.)	[solʲomós tu atlʲandikú]
avocado	**αβοκάντο** (ουδ.)	[avokádo]
bacon	**μπέικον** (ουδ.)	[béjkon]
banana	**μπανάνα** (θηλ.)	[banána]
barley	**κριθάρι** (ουδ.)	[kriθári]
bartender	**μπάρμαν** (αρ.)	[bárman]
basil	**βασιλικός** (αρ.)	[vasilikós]
bay leaf	**φύλλο δάφνης** (ουδ.)	[fílʲo ðáfnis]
beans	**κουκί** (ουδ.)	[kukí]
beef	**βοδινό κρέας** (ουδ.)	[voðinó kréas]
beer	**μπύρα** (θηλ.)	[bíra]
beet	**παντζάρι** (ουδ.)	[pandzári]
bell pepper	**πιπεριά** (θηλ.)	[piperiá]
berries	**μούρα** (ουδ.πλ.)	[múra]
berry	**μούρο** (ουδ.)	[múro]
bilberry	**μύρτιλλο** (ουδ.)	[mírtilʲo]
birch bolete	**μπολέτους γκρίζο** (ουδ.)	[bolétus grízo]
bitter	**πικρός**	[pikrós]
black coffee	**σκέτος καφές** (αρ.)	[skétos kafés]
black pepper	**μαύρο πιπέρι** (ουδ.)	[mávro pipéri]
black tea	**μαύρο τσάι** (ουδ.)	[mávro tsaj]
blackberry	**βατόμουρο** (ουδ.)	[vatómuro]
blackcurrant	**μαύρο φραγκοστάφυλο** (ουδ.)	[mávro frangostáfilʲo]
boiled	**βραστός**	[vrastós]
bottle opener	**ανοιχτήρι** (ουδ.)	[anixtíri]
bread	**ψωμί** (ουδ.)	[psomí]
breakfast	**πρωινό** (ουδ.)	[proinó]
bream	**αβραμίδα** (θηλ.)	[avramíða]
broccoli	**μπρόκολο** (ουδ.)	[brókolʲo]
Brussels sprouts	**λαχανάκι Βρυξελλών** (ουδ.)	[lʲaxanáki vrikselʲón]
buckwheat	**μαυροσίταρο** (ουδ.)	[mavrosítaro]

butter	**βούτυρο** (ουδ.)	[vútiro]
buttercream	**κρέμα** (θηλ.)	[kréma]
cabbage	**λάχανο** (ουδ.)	[lʲáxano]
cake	**κέικ** (ουδ.)	[kéjk]
cake	**τούρτα** (θηλ.)	[túrta]
calorie	**θερμίδα** (θηλ.)	[θermíða]
can opener	**ανοιχτήρι** (ουδ.)	[anixtíri]
candy	**καραμέλα** (θηλ.)	[karamélʲa]
canned food	**κονσέρβες** (θηλ.πλ.)	[konsérves]
cappuccino	**καπουτσίνο** (αρ.)	[kaputsíno]
caraway	**κύμινο** (ουδ.)	[kímino]
carbohydrates	**υδατάνθρακες** (αρ.πλ.)	[iðatánθrakes]
carbonated	**ανθρακούχος**	[anθrakúxos]
carp	**κυπρίνος** (αρ.)	[kiprínos]
carrot	**καρότο** (ουδ.)	[karóto]
catfish	**γουλιανός** (αρ.)	[ɣulianós]
cauliflower	**κουνουπίδι** (ουδ.)	[kunupíði]
caviar	**χαβιάρι** (ουδ.)	[xaviári]
celery	**σέλινο** (ουδ.)	[sélino]
cep	**βασιλομανίταρο** (ουδ.)	[vasilʲomanítaro]
cereal crops	**δημητριακών** (ουδ.πλ.)	[ðimitriakón]
champagne	**σαμπάνια** (θηλ.)	[sambánia]
chanterelle	**κανθαρέλλα** (θηλ.)	[kanθarélʲa]
check	**λογαριασμός** (αρ.)	[lʲoɣariazmós]
cheese	**τυρί** (ουδ.)	[tirí]
chewing gum	**τσίχλα** (θηλ.)	[tsíxlʲa]
chicken	**κότα** (θηλ.)	[kóta]
chocolate	**σοκολάτα** (θηλ.)	[sokolʲáta]
chocolate	**σοκολατένιος**	[sokolʲaténios]
cinnamon	**κανέλα** (θηλ.)	[kanélʲa]
clear soup	**ζωμός** (αρ.)	[zomós]
cloves	**γαρίφαλο** (ουδ.)	[ɣarífalʲo]
cocktail	**κοκτέιλ** (ουδ.)	[koktéjlʲ]
coconut	**καρύδα** (θηλ.)	[karíða]
cod	**μπακαλιάρος** (αρ.)	[bakaliáros]
coffee	**καφές** (αρ.)	[kafés]
coffee with milk	**καφές με γάλα** (αρ.)	[kafés me ɣálʲa]
cognac	**κονιάκ** (ουδ.)	[konják]
cold	**κρύος**	[kríos]
condensed milk	**συμπυκνωμένο γάλα** (ουδ.)	[simbiknoméno ɣálʲa]
condiment	**μπαχαρικό** (ουδ.)	[baxarikó]
confectionery	**ζαχαροπλαστική** (θηλ.)	[zaxaroplʲastikí]
cookies	**μπισκότο** (ουδ.)	[biskóto]
coriander	**κόλιανδρος** (αρ.)	[kólianðros]
corkscrew	**τιρμπουσόν** (ουδ.)	[tirbusón]
corn	**καλαμπόκι** (ουδ.)	[kalʲambóki]
corn	**καλαμπόκι** (ουδ.)	[kalʲambóki]
cornflakes	**κορν φλέικς** (ουδ.πλ.)	[kornfléjks]
course, dish	**πιάτο** (ουδ.)	[piáto]
crab	**καβούρι** (ουδ.)	[kavúri]
cranberry	**κράνμπερι** (ουδ.)	[kránberi]

cream	**κρέμα γάλακτος** (θηλ.)	[kréma ɣálʲaktos]
crumb	**ψίχουλο** (ουδ.)	[psíxulʲo]
crustaceans	**μαλακόστρακα** (ουδ.πλ.)	[malʲakóstraka]
cucumber	**αγγούρι** (ουδ.)	[angúri]
cuisine	**κουζίνα** (θηλ.)	[kuzína]
cup	**φλιτζάνι** (ουδ.)	[flidzáni]
dark beer	**σκούρα μπύρα** (θηλ.)	[skúra bíra]
date	**χουρμάς** (αρ.)	[xurmás]
death cap	**θανατίτης** (αρ.)	[θanatítis]
dessert	**επιδόρπιο** (ουδ.)	[epiðórpio]
diet	**δίαιτα** (θηλ.)	[ðíeta]
dill	**άνηθος** (αρ.)	[ániθos]
dinner	**δείπνο** (ουδ.)	[ðípno]
dried	**αποξηραμένος**	[apoksiraménos]
drinking water	**πόσιμο νερό** (ουδ.)	[pósimo neró]
duck	**πάπια** (θηλ.)	[pápia]
ear	**στάχυ** (ουδ.)	[stáxi]
edible mushroom	**βρώσιμο μανιτάρι** (ουδ.)	[vrósimo manitári]
eel	**χέλι** (ουδ.)	[xéli]
egg	**αυγό** (ουδ.)	[avɣó]
egg white	**ασπράδι** (ουδ.)	[aspráði]
egg yolk	**κρόκος** (αρ.)	[krókos]
eggplant	**μελιτζάνα** (θηλ.)	[melidzána]
eggs	**αυγά** (ουδ.πλ.)	[avɣá]
Enjoy your meal!	**Καλή όρεξη!**	[kalí óreksi]
fats	**λίπη** (ουδ.πλ.)	[lípi]
fig	**σύκο** (ουδ.)	[síko]
filling	**γέμιση** (θηλ.)	[ʝémisi]
fish	**ψάρι** (ουδ.)	[psári]
flatfish	**πλατύψαρο** (ουδ.)	[plʲatípsaro]
flour	**αλεύρι** (ουδ.)	[alévri]
fly agaric	**ζουρλομανίταρο** (ουδ.)	[zurlʲomanítaro]
food	**τροφή** (θηλ.), **φαγητό** (ουδ.)	[trofí], [faʝitó]
fork	**πιρούνι** (ουδ.)	[pirúni]
freshly squeezed juice	**φρέσκος χυμός** (αρ.)	[fréskos ximós]
fried	**τηγανητός**	[tiɣanitós]
fried eggs	**τηγανητά αυγά** (ουδ.πλ.)	[tiɣanitá avɣá]
frozen	**κατεψυγμένος**	[katepsiɣménos]
fruit	**φρούτο** (ουδ.)	[frúto]
fruits	**φρούτα** (ουδ.πλ.)	[frúta]
game	**θήραμα** (ουδ.)	[θírama]
gammon	**καπνιστό χοιρομέρι** (ουδ.)	[kapnistó xiroméri]
garlic	**σκόρδο** (ουδ.)	[skórðo]
gin	**τζιν** (ουδ.)	[dzin]
ginger	**πιπερόριζα** (θηλ.)	[piperóriza]
glass	**ποτήρι** (ουδ.)	[potíri]
glass	**κρασοπότηρο** (ουδ.)	[krasopótiro]
goose	**χήνα** (θηλ.)	[xína]
gooseberry	**λαγοκέρασο** (ουδ.)	[lʲaɣokéraso]
grain	**σιτηρά** (ουδ.πλ.)	[sitirá]
grape	**σταφύλι** (ουδ.)	[stafíli]
grapefruit	**γκρέιπφρουτ** (ουδ.)	[gréjpfrut]

green tea	**πράσινο τσάι** (ουδ.)	[prásino tsaj]
greens	**χόρτα** (ουδ.)	[xórta]
groats	**πλιγούρι** (ουδ.)	[pliɣúri]
halibut	**ιππόγλωσσος** (αρ.)	[ipóɣlʲosos]
ham	**ζαμπόν** (ουδ.)	[zabón]
hamburger	**κιμάς** (αρ.)	[kimás]
hamburger	**χάμπουργκερ** (ουδ.)	[xámburger]
hazelnut	**φουντούκι** (ουδ.)	[fundúki]
herring	**ρέγγα** (θηλ.)	[rénga]
honey	**μέλι** (ουδ.)	[méli]
horseradish	**χρένο** (ουδ.)	[xréno]
hot	**ζεστός**	[zestós]
ice	**πάγος** (αρ.)	[páɣos]
ice-cream	**παγωτό** (ουδ.)	[paɣotó]
instant coffee	**στιγμιαίος καφές** (αρ.)	[stiɣmiéos kafes]
jam	**μαρμελάδα** (θηλ.)	[marmelʲáða]
jam	**μαρμελάδα** (θηλ.)	[marmelʲáða]
juice	**χυμός** (αρ.)	[ximós]
kidney bean	**κόκκινο φασόλι** (ουδ.)	[kókino fasóli]
kiwi	**ακτινίδιο** (ουδ.)	[aktiníðio]
knife	**μαχαίρι** (ουδ.)	[maxéri]
lamb	**αρνήσιο κρέας** (ουδ.)	[arnísio kréas]
lemon	**λεμόνι** (ουδ.)	[lemóni]
lemonade	**λεμονάδα** (θηλ.)	[lemonáða]
lentil	**φακή** (θηλ.)	[fakí]
lettuce	**μαρούλι** (ουδ.)	[marúli]
light beer	**ανοιχτόχρωμη μπύρα** (θηλ.)	[anixtóxromi bíra]
liqueur	**λικέρ** (ουδ.)	[likér]
liquors	**αλκοολούχα ποτά** (ουδ.πλ.)	[alʲkoolʲúxa potá]
liver	**συκώτι** (ουδ.)	[sikóti]
lunch	**μεσημεριανό** (ουδ.)	[mesimerianó]
mackerel	**σκουμπρί** (ουδ.)	[skumbrí]
mandarin	**μανταρίνι** (ουδ.)	[mandaríni]
mango	**μάγκο** (ουδ.)	[mángo]
margarine	**μαργαρίνη** (θηλ.)	[marɣaríni]
marmalade	**μαρμελάδα** (θηλ.)	[marmelʲáða]
mashed potatoes	**πουρές** (αρ.)	[purés]
mayonnaise	**μαγιονέζα** (θηλ.)	[majonéza]
meat	**κρέας** (ουδ.)	[kréas]
melon	**πεπόνι** (ουδ.)	[pepóni]
menu	**κατάλογος** (αρ.)	[katálʲoɣos]
milk	**γάλα** (ουδ.)	[ɣálʲa]
milkshake	**μιλκσέικ** (ουδ.)	[milʲkséjk]
millet	**κεχρί** (ουδ.)	[kexrí]
mineral water	**μεταλλικό νερό** (ουδ.)	[metalikó neró]
morel	**μορχέλλη** (θηλ.)	[morxéli]
mushroom	**μανιτάρι** (ουδ.)	[manitári]
mustard	**μουστάρδα** (θηλ.)	[mustárða]
non-alcoholic	**χωρίς αλκοόλ**	[xorís alʲkoólʲ]
noodles	**νουντλς** (ουδ.πλ.)	[nudls]
oats	**βρώμη** (θηλ.)	[vrómi]

olive oil	**ελαιόλαδο** (ουδ.)	[eleólʲaðo]
olives	**ελιές** (θηλ.πλ.)	[eliés]
omelet	**ομελέτα** (θηλ.)	[omeléta]
onion	**κρεμμύδι** (ουδ.)	[kremíði]
orange	**πορτοκάλι** (ουδ.)	[portokáli]
orange juice	**χυμός πορτοκαλιού** (αρ.)	[ximós portokaliú]
orange-cap boletus	**μπολέτους πορτοκαλί** (ουδ.)	[bolétus portokalí]
oyster	**στρείδι** (ουδ.)	[stríði]
pâté	**πατέ** (ουδ.)	[paté]
papaya	**παπάγια** (θηλ.)	[papája]
paprika	**πάπρικα** (θηλ.)	[páprika]
parsley	**μαϊντανός** (αρ.)	[majdanós]
pasta	**ζυμαρικά** (ουδ.πλ.)	[zimariká]
pea	**αρακάς** (αρ.)	[arakás]
peach	**ροδάκινο** (ουδ.)	[roðákino]
peanut	**φυστίκι** (ουδ.)	[fistíki]
pear	**αχλάδι** (ουδ.)	[axlʲáði]
peel	**φλούδα** (θηλ.)	[flʲúða]
perch	**πέρκα** (θηλ.)	[pérka]
pickled	**τουρσί**	[tursí]
pie	**πίτα** (θηλ.)	[píta]
piece	**κομμάτι** (ουδ.)	[komáti]
pike	**λούτσος** (αρ.)	[lʲútsos]
pike perch	**ποταμολάβρακο** (ουδ.)	[potamolʲávrako]
pineapple	**ανανάς** (αρ.)	[ananás]
pistachios	**φυστίκια** (ουδ.πλ.)	[fistíkia]
pizza	**πίτσα** (θηλ.)	[pítsa]
plate	**πιάτο** (ουδ.)	[piáto]
plum	**δαμάσκηνο** (ουδ.)	[ðamáskino]
poisonous mushroom	**δηλητηριώδες μανιτάρι** (ουδ.)	[ðilitirióðes manitári]
pomegranate	**ρόδι** (ουδ.)	[róði]
pork	**χοιρινό κρέας** (ουδ.)	[xirinó kréas]
porridge	**πόριτζ** (ουδ.)	[póridz]
portion	**μερίδα** (θηλ.)	[meríða]
potato	**πατάτα** (θηλ.)	[patáta]
proteins	**πρωτεΐνες** (θηλ.πλ.)	[proteínes]
pub, bar	**μπαρ** (ουδ.), **μπυραρία** (θηλ.)	[bar], [biraría]
pudding	**πουτίγκα** (θηλ.)	[putínga]
pumpkin	**κολοκύθα** (θηλ.)	[kolʲokíθa]
rabbit	**κουνέλι** (ουδ.)	[kunéli]
radish	**ρεπανάκι** (ουδ.)	[repanáki]
raisin	**σταφίδα** (θηλ.)	[stafíða]
raspberry	**σμέουρο** (ουδ.)	[zméuro]
recipe	**συνταγή** (θηλ.)	[sindají]
red pepper	**κόκκινο πιπέρι** (ουδ.)	[kókino pipéri]
red wine	**κόκκινο κρασί** (ουδ.)	[kókino krasí]
redcurrant	**κόκκινο φραγκοστάφυλο** (ουδ.)	[kókino frangostáfilʲo]
refreshing drink	**αναψυκτικό** (ουδ.)	[anapsiktikó]

rice	**ρύζι** (ουδ.)	[rízi]
rum	**ρούμι** (ουδ.)	[rúmi]
russula	**ρούσουλα** (θηλ.)	[rúsulʲa]
rye	**σίκαλη** (θηλ.)	[síkali]
saffron	**σαφράν** (ουδ.)	[safrán]
salad	**σαλάτα** (θηλ.)	[salʲáta]
salmon	**σολομός** (αρ.)	[solʲomós]
salt	**αλάτι** (ουδ.)	[alʲáti]
salty	**αλμυρός**	[alʲmirós]
sandwich	**σάντουιτς** (ουδ.)	[sánduits]
sardine	**σαρδέλα** (θηλ.)	[sarðélʲa]
sauce	**σάλτσα** (θηλ.)	[sálʲtsa]
saucer	**πιατάκι** (ουδ.)	[piatáki]
sausage	**λουκάνικο** (ουδ.)	[lʲukániko]
seafood	**θαλασσινά** (θηλ.πλ.)	[θalʲasiná]
sesame	**σουσάμι** (ουδ.)	[susámi]
shark	**καρχαρίας** (αρ.)	[karxarías]
shrimp	**γαρίδα** (θηλ.)	[ɣaríða]
side dish	**συνοδευτικό πιάτο** (ουδ.)	[sinoðeftikó piáto]
slice	**φέτα** (θηλ.)	[féta]
smoked	**καπνιστός**	[kapnistós]
soft drink	**αναψυκτικό** (ουδ.)	[anapsiktikó]
soup	**σούπα** (θηλ.)	[súpa]
soup spoon	**κουτάλι της σούπας** (ουδ.)	[kutáli tis súpas]
sour cherry	**βύσσινο** (ουδ.)	[vísino]
sour cream	**ξινή κρέμα** (θηλ.)	[ksiní kréma]
soy	**σόγια** (θηλ.)	[sója]
spaghetti	**σπαγγέτι** (ουδ.)	[spagéti]
sparkling	**ανθρακούχο**	[anθrakúxo]
spice	**καρύκευμα** (ουδ.)	[karíkevma]
spinach	**σπανάκι** (ουδ.)	[spanáki]
spiny lobster	**ακανθωτός αστακός** (αρ.)	[akanθotós astakós]
spoon	**κουτάλι** (ουδ.)	[kutáli]
squid	**καλαμάρι** (ουδ.)	[kalʲamári]
steak	**μπριζόλα** (θηλ.)	[brizólʲa]
still	**χωρίς ανθρακικό**	[xorís anθrakikó]
strawberry	**φράουλα** (θηλ.)	[fráulʲa]
sturgeon	**οξύρυγχος** (αρ.)	[oksírinxos]
sugar	**ζάχαρη** (θηλ.)	[záxari]
sunflower oil	**ηλιέλαιο** (ουδ.)	[iliéleo]
sweet	**γλυκός**	[ɣlikós]
sweet cherry	**κεράσι** (ουδ.)	[kerási]
taste, flavor	**γεύση** (θηλ.)	[ʝéfsi]
tasty	**νόστιμος**	[nóstimos]
tea	**τσάι** (ουδ.)	[tsáj]
teaspoon	**κουταλάκι του γλυκού** (ουδ.)	[kutalʲáki tu ɣlikú]
tip	**πουρμπουάρ** (ουδ.)	[purbuár]
tomato	**ντομάτα** (θηλ.)	[domáta]
tomato juice	**χυμός ντομάτας** (αρ.)	[ximós domátas]
tongue	**γλώσσα** (θηλ.)	[ɣlʲósa]
toothpick	**οδοντογλυφίδα** (θηλ.)	[oðondoɣlifíða]

trout	**πέστροφα** (θηλ.)	[péstrofa]
tuna	**τόνος** (αρ.)	[tónos]
turkey	**γαλοπούλα** (θηλ.)	[ɣalʲopúlʲa]
turnip	**γογγύλι** (ουδ.), **ρέβα** (θηλ.)	[ɣongíli], [réva]
veal	**μοσχαρίσιο κρέας** (ουδ.)	[mosxarísio kréas]
vegetable oil	**φυτικό λάδι** (ουδ.)	[fitikó lʲáði]
vegetables	**λαχανικά** (ουδ.πλ.)	[lʲaxaniká]
vegetarian	**χορτοφάγος** (αρ.)	[xortofáɣos]
vegetarian	**χορτοφάγος**	[xortofáɣos]
vermouth	**βερμούτ** (ουδ.)	[vermút]
vienna sausage	**λουκάνικο** (ουδ.)	[lʲukániko]
vinegar	**ξίδι** (ουδ.)	[ksíði]
vitamin	**βιταμίνη** (θηλ.)	[vitamíni]
vodka	**βότκα** (θηλ.)	[vótka]
wafers	**γκοφρέτες** (θηλ.πλ.)	[gofrétes]
waiter	**σερβιτόρος** (αρ.)	[servitóros]
waitress	**σερβιτόρα** (θηλ.)	[servitóra]
walnut	**καρύδι** (ουδ.)	[karíði]
water	**νερό** (ουδ.)	[neró]
watermelon	**καρπούζι** (ουδ.)	[karpúzi]
wheat	**σιτάρι** (ουδ.)	[sitári]
whiskey	**ουίσκι** (ουδ.)	[wíski]
white wine	**λευκό κρασί** (ουδ.)	[lefkó krasí]
wild strawberry	**χαμοκέρασο** (ουδ.)	[kxamokéraso]
wine	**κρασί** (ουδ.)	[krasí]
wine list	**κατάλογος κρασιών** (αρ.)	[katálʲoɣos krasión]
with ice	**με πάγο**	[me páɣo]
yogurt	**γιαούρτι** (ουδ.)	[ʝaúrti]
zucchini	**κολοκύθι** (ουδ.)	[kolʲokíθi]

Greek-English gastronomic glossary

Καλή όρεξη!	[kalí óreksi]	Enjoy your meal!
άνηθος (αρ.)	[ániθos]	dill
αβοκάντο (ουδ.)	[avokádo]	avocado
αβραμίδα (θηλ.)	[avramíðа]	bream
αγγούρι (ουδ.)	[angúri]	cucumber
αγκινάρα (θηλ.)	[anginára]	artichoke
ακανθωτός αστακός (αρ.)	[akanθotós astakós]	spiny lobster
ακτινίδιο (ουδ.)	[aktiníðio]	kiwi
αλάτι (ουδ.)	[alʲáti]	salt
αλεύρι (ουδ.)	[alévri]	flour
αλκοολούχα ποτά (ουδ.πλ.)	[alʲkoolʲúxa potá]	liquors
αλμυρός	[alʲmirós]	salty
αμύγδαλο (ουδ.)	[amíɣðalʲo]	almond
ανανάς (αρ.)	[ananás]	pineapple
αναψυκτικό (ουδ.)	[anapsiktikó]	soft drink
αναψυκτικό (ουδ.)	[anapsiktikó]	refreshing drink
ανθρακούχο	[anθrakúxo]	sparkling
ανθρακούχος	[anθrakúxos]	carbonated
ανοιχτήρι (ουδ.)	[anixtíri]	bottle opener
ανοιχτήρι (ουδ.)	[anixtíri]	can opener
ανοιχτόχρωμη μπύρα (θηλ.)	[anixtóxromi bíra]	light beer
απεριτίφ (ουδ.)	[aperitíf]	aperitif
αποξηραμένος	[apoksiraménos]	dried
αρακάς (αρ.)	[arakás]	pea
αρνήσιο κρέας (ουδ.)	[arnísio kréas]	lamb
ασπράδι (ουδ.)	[aspráði]	egg white
αυγά (ουδ.πλ.)	[avɣá]	eggs
αυγό (ουδ.)	[avɣó]	egg
αχλάδι (ουδ.)	[axlʲáði]	pear
βασιλικός (αρ.)	[vasilikós]	basil
βασιλομανίταρο (ουδ.)	[vasilʲomanítaro]	cep
βατόμουρο (ουδ.)	[vatómuro]	blackberry
βερίκοκο (ουδ.)	[veríkoko]	apricot
βερμούτ (ουδ.)	[vermút]	vermouth
βιταμίνη (θηλ.)	[vitamíni]	vitamin
βοδινό κρέας (ουδ.)	[voðinó kréas]	beef
βούτυρο (ουδ.)	[vútiro]	butter
βραστός	[vrastós]	boiled
βρώμη (θηλ.)	[vrómi]	oats
βρώσιμο μανιτάρι (ουδ.)	[vrósimo manitári]	edible mushroom
βότκα (θηλ.)	[vótka]	vodka
βύσσινο (ουδ.)	[vísino]	sour cherry
γάλα (ουδ.)	[ɣálʲa]	milk

γέμιση (θηλ.)	[ʝémisi]	filling
γαλοπούλα (θηλ.)	[ɣalʲopúlʲa]	turkey
γαρίδα (θηλ.)	[ɣaríða]	shrimp
γαρίφαλο (ουδ.)	[ɣarífalʲo]	cloves
γεύση (θηλ.)	[ʝéfsi]	taste, flavor
γιαούρτι (ουδ.)	[ʝaúrti]	yogurt
γκοφρέτες (θηλ.πλ.)	[gofrétes]	wafers
γκρέιπφρουτ (ουδ.)	[gréjpfrut]	grapefruit
γλυκάνισος (αρ.)	[ɣlikánisos]	anise
γλυκός	[ɣlikós]	sweet
γλώσσα (θηλ.)	[ɣlʲósa]	tongue
γογγύλι (ουδ.), **ρέβα** (θηλ.)	[ɣongíli], [réva]	turnip
γουλιανός (αρ.)	[ɣulianós]	catfish
δίαιτα (θηλ.)	[ðíeta]	diet
δαμάσκηνο (ουδ.)	[ðamáskino]	plum
δείπνο (ουδ.)	[ðípno]	dinner
δηλητηριώδες μανιτάρι (ουδ.)	[ðilitirióðes manitári]	poisonous mushroom
δημητριακών (ουδ.πλ.)	[ðimitriakón]	cereal crops
ελαιόλαδο (ουδ.)	[eleólʲaðo]	olive oil
ελιές (θηλ.πλ.)	[eliés]	olives
επίγευση (θηλ.)	[epíʝefsi]	aftertaste
επιδόρπιο (ουδ.)	[epiðórpio]	dessert
ζάχαρη (θηλ.)	[záxari]	sugar
ζαμπόν (ουδ.)	[zabón]	ham
ζαχαροπλαστική (θηλ.)	[zaxaroplʲastikí]	confectionery
ζεστός	[zestós]	hot
ζουρλομανίταρο (ουδ.)	[zurlʲomanítaro]	fly agaric
ζυμαρικά (ουδ.πλ.)	[zimariká]	pasta
ζωμός (αρ.)	[zomós]	clear soup
ηλιέλαιο (ουδ.)	[iliéleo]	sunflower oil
θήραμα (ουδ.)	[θírama]	game
θαλασσινά (θηλ.πλ.)	[θalʲasiná]	seafood
θανατίτης (αρ.)	[θanatítis]	death cap
θερμίδα (θηλ.)	[θermíða]	calorie
ιππόγλωσσος (αρ.)	[ipóɣlʲosos]	halibut
κέικ (ουδ.)	[kéjk]	cake
καβούρι (ουδ.)	[kavúri]	crab
καλαμάρι (ουδ.)	[kalʲamári]	squid
καλαμπόκι (ουδ.)	[kalʲambóki]	corn
καλαμπόκι (ουδ.)	[kalʲambóki]	corn
κανέλα (θηλ.)	[kanélʲa]	cinnamon
κανθαρέλλα (θηλ.)	[kanθarélʲa]	chanterelle
καπνιστό χοιρομέρι (ουδ.)	[kapnistó xiroméri]	gammon
καπνιστός	[kapnistós]	smoked
καπουτσίνο (αρ.)	[kaputsíno]	cappuccino
καραμέλα (θηλ.)	[karamélʲa]	candy
καρπούζι (ουδ.)	[karpúzi]	watermelon
καρχαρίας (αρ.)	[karxarías]	shark
καρότο (ουδ.)	[karóto]	carrot
καρύδα (θηλ.)	[karíða]	coconut
καρύδι (ουδ.)	[karíði]	walnut

καρύκευμα (ουδ.)	[karíkevma]	spice
κατάλογος κρασιών (αρ.)	[katálʲoɣos krasión]	wine list
κατάλογος (αρ.)	[katálʲoɣos]	menu
κατεψυγμένος	[katepsiɣménos]	frozen
καφές με γάλα (αρ.)	[kafés me ɣálʲa]	coffee with milk
καφές (αρ.)	[kafés]	coffee
κεράσι (ουδ.)	[kerási]	sweet cherry
κεχρί (ουδ.)	[kexrí]	millet
κιμάς (αρ.)	[kimás]	hamburger
κοκτέιλ (ουδ.)	[koktéjlʲ]	cocktail
κολοκύθα (θηλ.)	[kolʲokíθa]	pumpkin
κολοκύθι (ουδ.)	[kolʲokíθi]	zucchini
κομμάτι (ουδ.)	[komáti]	piece
κονιάκ (ουδ.)	[konják]	cognac
κονσέρβες (θηλ.πλ.)	[konsérves]	canned food
κορν φλέικς (ουδ.πλ.)	[kornfléjks]	cornflakes
κουζίνα (θηλ.)	[kuzína]	cuisine
κουκί (ουδ.)	[kukí]	beans
κουνέλι (ουδ.)	[kunéli]	rabbit
κουνουπίδι (ουδ.)	[kunupíði]	cauliflower
κουτάλι της σούπας (ουδ.)	[kutáli tis súpas]	soup spoon
κουτάλι (ουδ.)	[kutáli]	spoon
κουταλάκι του γλυκού (ουδ.)	[kutalʲáki tu ɣlikú]	teaspoon
κράνμπερι (ουδ.)	[kránberi]	cranberry
κρέας (ουδ.)	[kréas]	meat
κρέμα γάλακτος (θηλ.)	[kréma ɣálʲaktos]	cream
κρέμα (θηλ.)	[kréma]	buttercream
κρασί (ουδ.)	[krasí]	wine
κρασοπότηρο (ουδ.)	[krasopótiro]	glass
κρεμμύδι (ουδ.)	[kremíði]	onion
κριθάρι (ουδ.)	[kriθári]	barley
κρόκος (αρ.)	[krókos]	egg yolk
κρύος	[kríos]	cold
κυπρίνος (αρ.)	[kiprínos]	carp
κόκκινο κρασί (ουδ.)	[kókino krasí]	red wine
κόκκινο πιπέρι (ουδ.)	[kókino pipéri]	red pepper
κόκκινο φασόλι (ουδ.)	[kókino fasóli]	kidney bean
κόκκινο φραγκοστάφυλο (ουδ.)	[kókino frangostáfilʲo]	redcurrant
κόλιανδρος (αρ.)	[kólianðros]	coriander
κότα (θηλ.)	[kóta]	chicken
κύμινο (ουδ.)	[kímino]	caraway
λάχανο (ουδ.)	[lʲáxano]	cabbage
λίπη (ουδ.πλ.)	[lípi]	fats
λαγοκέρασο (ουδ.)	[lʲaɣokéraso]	gooseberry
λαχανάκι Βρυξελλών (ουδ.)	[lʲaxanáki vrikselʲón]	Brussels sprouts
λαχανικά (ουδ.πλ.)	[lʲaxaniká]	vegetables
λεμονάδα (θηλ.)	[lemonáða]	lemonade
λεμόνι (ουδ.)	[lemóni]	lemon
λευκό κρασί (ουδ.)	[lefkó krasí]	white wine

λικέρ (ουδ.)	[likér]	liqueur
λογαριασμός (αρ.)	[lʲoɣariazmós]	check
λουκάνικο (ουδ.)	[lʲukániko]	sausage
λουκάνικο (ουδ.)	[lʲukániko]	vienna sausage
λούτσος (αρ.)	[lʲútsos]	pike
μάγκο (ουδ.)	[mángo]	mango
μέλι (ουδ.)	[méli]	honey
μήλο (ουδ.)	[mílʲo]	apple
μαγιονέζα (θηλ.)	[maj̯onéza]	mayonnaise
μαλακόστρακα (ουδ.πλ.)	[malʲakóstraka]	crustaceans
μανιτάρι (ουδ.)	[manitári]	mushroom
μανταρίνι (ουδ.)	[mandaríni]	mandarin
μαργαρίνη (θηλ.)	[marɣaríni]	margarine
μαρμελάδα (θηλ.)	[marmelʲáða]	jam
μαρμελάδα (θηλ.)	[marmelʲáða]	jam
μαρμελάδα (θηλ.)	[marmelʲáða]	marmalade
μαρούλι (ουδ.)	[marúli]	lettuce
μαυροσίταρο (ουδ.)	[mavrosítaro]	buckwheat
μαχαίρι (ουδ.)	[maxéri]	knife
μαϊντανός (αρ.)	[majdanós]	parsley
μαύρο πιπέρι (ουδ.)	[mávro pipéri]	black pepper
μαύρο τσάι (ουδ.)	[mávro tsaj]	black tea
μαύρο φραγκοστάφυλο (ουδ.)	[mávro frangostáfilʲo]	blackcurrant
με πάγο	[me páɣo]	with ice
μελιτζάνα (θηλ.)	[melidzána]	eggplant
μερίδα (θηλ.)	[meríða]	portion
μεσημεριανό (ουδ.)	[mesimerianó]	lunch
μεταλλικό νερό (ουδ.)	[metalikó neró]	mineral water
μιλκσέικ (ουδ.)	[milʲkséjk]	milkshake
μορχέλλη (θηλ.)	[morxéli]	morel
μοσχαρίσιο κρέας (ουδ.)	[mosxarísio kréas]	veal
μουστάρδα (θηλ.)	[mustárða]	mustard
μούρα (ουδ.πλ.)	[múra]	berries
μούρο (ουδ.)	[múro]	berry
μπάρμαν (αρ.)	[bárman]	bartender
μπέικον (ουδ.)	[béjkon]	bacon
μπακαλιάρος (αρ.)	[bakaliáros]	cod
μπανάνα (θηλ.)	[banána]	banana
μπαρ (ουδ.), **μπυραρία** (θηλ.)	[bar], [biraría]	pub, bar
μπαχαρικό (ουδ.)	[baxarikó]	condiment
μπισκότο (ουδ.)	[biskóto]	cookies
μπολέτους γκρίζο (ουδ.)	[bolétus grízo]	birch bolete
μπολέτους πορτοκαλί (ουδ.)	[bolétus portokalí]	orange-cap boletus
μπριζόλα (θηλ.)	[brizólʲa]	steak
μπρόκολο (ουδ.)	[brókolʲo]	broccoli
μπύρα (θηλ.)	[bíra]	beer
μύρτιλλο (ουδ.)	[mírtilʲo]	bilberry
νερό (ουδ.)	[neró]	water
νουντλς (ουδ.πλ.)	[nudls]	noodles

ντομάτα (θηλ.)	[domáta]	tomato
νόστιμος	[nóstimos]	tasty
ξίδι (ουδ.)	[ksíði]	vinegar
ξινή κρέμα (θηλ.)	[ksiní kréma]	sour cream
οδοντογλυφίδα (θηλ.)	[oðondoɣlifíða]	toothpick
ομελέτα (θηλ.)	[omeléta]	omelet
οξύρυγχος (αρ.)	[oksírinxos]	sturgeon
ορεκτικό (ουδ.)	[orektikó]	appetizer
ουίσκι (ουδ.)	[wíski]	whiskey
πάγος (αρ.)	[páɣos]	ice
πάπια (θηλ.)	[pápia]	duck
πάπρικα (θηλ.)	[páprika]	paprika
πέρκα (θηλ.)	[pérka]	perch
πέστροφα (θηλ.)	[péstrofa]	trout
πίτα (θηλ.)	[píta]	pie
πίτσα (θηλ.)	[pítsa]	pizza
παγωτό (ουδ.)	[paɣotó]	ice-cream
παντζάρι (ουδ.)	[pandzári]	beet
παπάγια (θηλ.)	[papája]	papaya
πατάτα (θηλ.)	[patáta]	potato
πατέ (ουδ.)	[paté]	pâté
πεπόνι (ουδ.)	[pepóni]	melon
πιάτο (ουδ.)	[piáto]	course, dish
πιάτο (ουδ.)	[piáto]	plate
πιατάκι (ουδ.)	[piatáki]	saucer
πικρός	[pikrós]	bitter
πιπεριά (θηλ.)	[piperiá]	bell pepper
πιπερόριζα (θηλ.)	[piperóriza]	ginger
πιρούνι (ουδ.)	[pirúni]	fork
πλατύψαρο (ουδ.)	[plʲatípsaro]	flatfish
πλιγούρι (ουδ.)	[pliɣúri]	groats
πορτοκάλι (ουδ.)	[portokáli]	orange
ποτήρι (ουδ.)	[potíri]	glass
ποταμολάβρακο (ουδ.)	[potamolʲávrako]	pike perch
πουρές (αρ.)	[purés]	mashed potatoes
πουρμπουάρ (ουδ.)	[purbuár]	tip
πουτίγκα (θηλ.)	[putínga]	pudding
πράσινο τσάι (ουδ.)	[prásino tsaj]	green tea
πρωινό (ουδ.)	[proinó]	breakfast
πρωτεΐνες (θηλ.πλ.)	[proteínes]	proteins
πόριτζ (ουδ.)	[póridz]	porridge
πόσιμο νερό (ουδ.)	[pósimo neró]	drinking water
ρέγγα (θηλ.)	[rénga]	herring
ρεπανάκι (ουδ.)	[repanáki]	radish
ροδάκινο (ουδ.)	[roðákino]	peach
ρούμι (ουδ.)	[rúmi]	rum
ρούσουλα (θηλ.)	[rúsulʲa]	russula
ρόδι (ουδ.)	[róði]	pomegranate
ρύζι (ουδ.)	[rízi]	rice
σάλτσα (θηλ.)	[sálʲtsa]	sauce
σάντουιτς (ουδ.)	[sánduits]	sandwich
σέλινο (ουδ.)	[sélino]	celery

σίκαλη (θηλ.)	[síkali]	rye
σαλάτα (θηλ.)	[salʲáta]	salad
σαμπάνια (θηλ.)	[sambánia]	champagne
σαρδέλα (θηλ.)	[sarðélʲa]	sardine
σαφράν (ουδ.)	[safrán]	saffron
σερβιτόρα (θηλ.)	[servitóra]	waitress
σερβιτόρος (αρ.)	[servitóros]	waiter
σιτάρι (ουδ.)	[sitári]	wheat
σιτηρά (ουδ.πλ.)	[sitirá]	grain
σκέτος καφές (αρ.)	[skétos kafés]	black coffee
σκουμπρί (ουδ.)	[skumbrí]	mackerel
σκούρα μπύρα (θηλ.)	[skúra bíra]	dark beer
σκόρδο (ουδ.)	[skórðo]	garlic
σμέουρο (ουδ.)	[zméuro]	raspberry
σοκολάτα (θηλ.)	[sokolʲáta]	chocolate
σοκολατένιος	[sokolʲaténios]	chocolate
σολομός του Ατλαντικού (αρ.)	[solʲomós tu atlʲandikú]	Atlantic salmon
σολομός (αρ.)	[solʲomós]	salmon
σουσάμι (ουδ.)	[susámi]	sesame
σούπα (θηλ.)	[súpa]	soup
σπαγγέτι (ουδ.)	[spagéti]	spaghetti
σπανάκι (ουδ.)	[spanáki]	spinach
σπαράγγι (ουδ.)	[sparángi]	asparagus
στάχυ (ουδ.)	[stáxi]	ear
σταφίδα (θηλ.)	[stafíða]	raisin
σταφύλι (ουδ.)	[stafíli]	grape
στιγμιαίος καφές (αρ.)	[stiɣmiéos kafes]	instant coffee
στρείδι (ουδ.)	[stríði]	oyster
συκώτι (ουδ.)	[sikóti]	liver
συμπυκνωμένο γάλα (ουδ.)	[simbiknoméno ɣálʲa]	condensed milk
συνοδευτικό πιάτο (ουδ.)	[sinoðeftikó piáto]	side dish
συνταγή (θηλ.)	[sindaʝí]	recipe
σόγια (θηλ.)	[sóʝa]	soy
σύκο (ουδ.)	[síko]	fig
τζιν (ουδ.)	[dzin]	gin
τηγανητά αυγά (ουδ.πλ.)	[tiɣanitá avɣá]	fried eggs
τηγανητός	[tiɣanitós]	fried
τιρμπουσόν (ουδ.)	[tirbusón]	corkscrew
τουρσί	[tursí]	pickled
τούρτα (θηλ.)	[túrta]	cake
τροφή (θηλ.), **φαγητό** (ουδ.)	[trofí], [faʝitó]	food
τσάι (ουδ.)	[tsáj]	tea
τσίχλα (θηλ.)	[tsíxlʲa]	chewing gum
τυρί (ουδ.)	[tirí]	cheese
τόνος (αρ.)	[tónos]	tuna
υδατάνθρακες (αρ.πλ.)	[iðatánθrakes]	carbohydrates
φέτα (θηλ.)	[féta]	slice
φακή (θηλ.)	[fakí]	lentil
φλιτζάνι (ουδ.)	[flidzáni]	cup
φλούδα (θηλ.)	[flʲúða]	peel

φουντούκι (ουδ.)	[fundúki]	hazelnut
φράουλα (θηλ.)	[fráulʲa]	strawberry
φρέσκος χυμός (αρ.)	[fréskos ximós]	freshly squeezed juice
φρούτα (ουδ.πλ.)	[frúta]	fruits
φρούτο (ουδ.)	[frúto]	fruit
φυστίκι (ουδ.)	[fistíki]	peanut
φυστίκια (ουδ.πλ.)	[fistíkia]	pistachios
φυτικό λάδι (ουδ.)	[fitikó lʲáði]	vegetable oil
φύλλο δάφνης (ουδ.)	[fílʲo ðáfnis]	bay leaf
χάμπουργκερ (ουδ.)	[xámburger]	hamburger
χέλι (ουδ.)	[xéli]	eel
χήνα (θηλ.)	[xína]	goose
χαβιάρι (ουδ.)	[xaviári]	caviar
χαμοκέρασο (ουδ.)	[kxamokéraso]	wild strawberry
χοιρινό κρέας (ουδ.)	[xirinó kréas]	pork
χορτοφάγος	[xortofáɣos]	vegetarian
χορτοφάγος (αρ.)	[xortofáɣos]	vegetarian
χουρμάς (αρ.)	[xurmás]	date
χρένο (ουδ.)	[xréno]	horseradish
χυμός ντομάτας (αρ.)	[ximós domátas]	tomato juice
χυμός πορτοκαλιού (αρ.)	[ximós portokaliú]	orange juice
χυμός (αρ.)	[ximós]	juice
χωρίς αλκοόλ	[xorís alʲkoólʲ]	non-alcoholic
χωρίς ανθρακικό	[xorís anθrakikó]	still
χόρτα (ουδ.)	[xórta]	greens
ψάρι (ουδ.)	[psári]	fish
ψίχουλο (ουδ.)	[psíxulʲo]	crumb
ψωμί (ουδ.)	[psomí]	bread
όρεξη (θηλ.)	[óreksi]	appetite